中华创世神话研究工程
系列丛书

中华创世神话图像编

上海市社会科学界联合会 组织编写

THE PICTORIAL GENEALOGY
OF EMPEROR SHUN'S CREATION MYTHS

帝舜创世神话图像谱系

唐睿 著

上海人民出版社

编写说明

　　由上海市社会科学界联合会组织实施的中华创世神话学术研究工程是"开天辟地——中华创世神话"文艺创作与文化传播工程的重要组成部分,是弘扬中华优秀传统文化的一项基础性工作,是打造上海文化品牌的一项重要内容。

　　自 2017 年以来,在中共上海市委宣传部的指导下,在上海市哲学社会科学规划办公室的支持下,上海市社会科学界联合会积极联系国内相关领域的专家学者深入开展专题研究,在上海市哲学社会科学规划课题的研究基础上,集中研究力量和学术资源,推出了中华创世神话研究工程系列丛书。

　　本丛书旨在通过整理编纂各民族中华创世神话资料,研究和梳理中华创世神话脉络和体系,讲好中华创世神话故事,探索中华文明之源,弘扬中华民族精神,为中华文化培根固源,为中华民族塑魂铸魂,为今后学术研究、文艺创作提供参考。

　　本丛书的编纂得到上海社会科学院、上海交通大学、华东师范大学、上海大学、上海政法学院等单位学者的鼎力支持,也得到中国社会科学院、北京师范大学、华中师范大学等单位专家的大力帮助。

上海市社会科学界联合会

2020 年 12 月

序

  中华创世神话叙事传承在历史上有三种主要形式：一是语言文字的叙事形式，二是仪式行为的叙事形式，三是图像物象的叙事形式。在文字还没有发明的时候，图像就是一种重要的跨越时空的记录形式与叙事形式，人们通过图像讲述着世界上发生的故事和他们浪漫想象的故事。

  我们所熟悉的盘古开天地的故事，完整的语言文字叙事其实直到三国的时候才记录下来。但是，至少在东汉时期，四川的文翁石室，即所谓汉时讲堂，就画了三皇五帝，以及盘古开天辟地的故事。这些绘画故事声名远扬，从蜀中传到江南的建业都城。东晋时期的王羲之还托人去临摹，意图传承其中的绘画元素。东汉时期，一篇叫《鲁灵光殿赋》的文章里面记载，鲁灵光殿里绘有一组中华创世神话系列图像，其中有一幅重要的图画常常被忽视，在赋中是如此描述的："上纪开辟，遂古之初。"显然，此处图画的内容当是盘古开天辟地的故事。可见，在文字并没有很好记载的时代，图像已是一种独特的叙事系列。可惜，无论是四川的文翁石室，还是鲁灵光殿壁画，我们今天已经见不到了，这是非常遗憾的事。

  《鲁灵光殿赋》中所描述的"伏羲鳞身，女娲蛇躯"为人们所熟知，但是描绘这些形象的图像传到唐代就比较少了，后来渐渐被人们淡忘。宋代马麟画了一幅伏羲的图像，是一位圣哲在画八卦，从此画八卦的伏羲占据了伏羲图像的主流地位。直到那些埋在地下的汉代的画像石、砖，以及唐代的伏羲女娲图像绢画被发掘出来，向我们展示了伏羲女娲的龙蛇之躯之后，我们方才恍然大悟。然而唐宋以后，伏羲女娲故事的主流题材却又是兄妹婚故事，可见图像叙事并没有很好地表现这些内容。秦汉隋唐伏羲女娲图像传播的时代，语言则讲述伏羲画卦。可见图像叙事与语言叙事并不同步，前者亦是文化多样性的重要构成形式。

图像是一种可视符号，对于文化的传承和认同具有独特的意义。图像的稳定性要比口头传播可靠性高，因此对于文化统一性的作用更为突出。神话学研究经常会提到的"语言疾病说"，实际上是对于神话的口头表达之不可靠性的一种深刻认识。"语言疾病"是神话演变的现象，但是并不意味着那是一件好事。鲁鱼亥豕是一种信息混乱，所以图像的优越性在一定程度上高于口头语言，这是事实。图像的跨越语言障碍的意义更是有效的文化传播的保障，在全球化的今日，其价值更为突出。

历史上我们很重视语言文献，相对来说对于图像文献则重视不够。近年来中外神话学者都对神话图像研究倾注了很大精力，图像叙事与图像分析是其中关注得比较多的问题。但是，像创世神话这样重要的图像问题，我们仍然重视不足。尤其在一种将中国神话视为残丛小语的错误认识下，神话图像也被认为是凌乱的，因此，创世神话的图像研究也是零散的。

当中华创世神话严整的、丰富的谱系性构成问题被揭示，创世神话的图像谱系问题也被严肃地提出来了。图像叙事虽只是神话叙事的形式之一，但图像的丰富性与多样性远远超出了传统的认识视野。在上海市"中华创世神话文艺创作工程"之"学术研究工程"的支持下，我们开展了中华创世神话的田野调查与研究，灿烂的中华创世神话图像恢弘地呈现在我们面前。这些图像既有古远的创世神图像元素的不朽传承，也有历史上世世代代的人民群众的创造，更有当代社会对于创世神话的创新性发展。所以，我们乐于将这些图像与世人分享，更乐意以文化谱系观对这些图像予以系统研究与整理，分享我们的神话观念。无论是文艺创作、审美欣赏，还是神圣敬仰、文化认同，这一中华创世神话图像谱系研究系列，都将是对于中国神话的一次大规模的探索与资源呈现。这不仅是为了中国人的文化自豪感建设，更是为世界人民增添一种文化自信：就像中国神话推助中华民族伟大复兴一样，世界上古老的神话资源一定能够将人类带向美好的未来。

田兆元　毕旭玲

2021 年 9 月 25 日于上海

目　录

引言　/　*001*

第一章　帝舜创世神话与图像谱系　/　*003*

　　一、帝舜创世神话概述　/　*003*

　　二、帝舜创世神话图像谱系　/　*035*

第二章　帝舜考古图像　/　*053*

　　一、概述　/　*053*

　　二、龙山文化黑陶蛋壳杯　/　*054*

　　三、舜耕历山古遗址　/　*055*

　　四、舜耕犁沟遗址　/　*056*

　　五、舜帝古桥、跃牛沟　/　*057*

　　六、舜井　/　*058*

　　七、舜田门遗址　/　*061*

　　八、百官桥　/　*062*

　　九、九疑山玉琯岩舜帝陵庙遗址　/　*063*

　　十、马王堆汉墓出土《长沙国南部地形图》　/　*064*

　　十一、帝舜有虞氏之陵碑　/　*065*

　　十二、东汉嘉祥武梁祠画像石　/　*066*

　　十三、东汉莒县东莞画像石　/　*067*

　　十四、东汉内蒙古和林格尔墓壁画　/　*068*

十五、北魏司马金龙墓漆画屏风 / 069

十六、北魏宁夏固原漆棺画 / 070

十七、北魏元谧墓石棺画 / 073

十八、北魏宁懋石室石棺画 / 074

十九、北魏孝子石棺画 / 075

二十、北宋河南荥阳司村墓壁画 / 076

二十一、北宋河南荥阳孤伯嘴墓壁画 / 077

二十二、北宋河南辉县石棺画 / 078

二十三、北宋河南孟津张君石棺画 / 079

二十四、宋（金）甘肃清水白沙乡箭峡墓砖雕 / 080

二十五、金代山西长子砖室墓壁画 / 081

二十六、金代山西稷山马村墓陶塑 / 082

二十七、元代山西芮城潘德冲石椁 / 083

二十八、元代甘肃定西墓砖雕 / 084

二十九、明代蒲州古城鼓楼 / 085

三十、明代垣曲同善北门城楼 / 086

三十一、明代有虞帝舜陵碑 / 088

三十二、明代重修历山舜祠记碑 / 089

三十三、清代瑕邱古迹碑 / 090

三十四、清代陕西砖雕 / 091

第三章 帝舜版画插图 / 093

一、概述 / 093

二、《历代帝王名臣像》插图 / 095

三、《历代古人像赞》插图 / 096

四、《新刻历代圣贤像赞》插图 / 097

五、《历代君臣图像》插图 / 098

六、《全相二十四孝诗选》插图 / 099

七、《锲便蒙二十四孝日记故事》插图 / 100

八、《新刊大字分类校正日记大全》插图 / 101

九、《新镌增补全像评林古今列女传》插图 / 102

十、《新锓全像音释古今列女传》插图 / 103

十一、《帝鉴图说》插图 / 104

十二、《人镜阳秋》插图 / 106

十三、《列国前编十二朝》插图 / 107

十四、《盘古至唐虞传》插图 / 110

十五、《开辟演义》插图 / 113

十六、《明刻历代百美图》插图 / 114

十七、《绘像正文千家诗》插图 / 115

十八、《百备全书》插图 / 116

十九、《九歌》插图 / 117

二十、《天问》插图 / 118

二十一、《圣谕像解》插图 / 119

二十二、《列女传》插图 / 120

二十三、《孝经传说图解》插图 / 121

二十四、《前后孝行录》插图 / 122

二十五、《二十四孝图说》插图 / 123

二十六、《增广日记故事详注》插图 / 125

二十七、《历代画像传》插图 / 126

二十八、《钦定书经图说》插图 / 127

二十九、《廿四史通俗演义》插图 / 131

三十、《二十五史通俗演义》插图 / 132

三十一、《娱闲录》插图 / 133

三十二、《儿童月刊》插图 / 135

第四章　帝舜国画、年画 / 136

一、概述 / 136

二、仇英《二十四孝册》 / 138

三、文徵明《湘君湘夫人图》 / 139

四、任熊《湘夫人图》 / 140

五、《历代帝王圣贤名臣大儒遗像》 / *141*

六、佚名《帝舜像》 / *142*

七、《彩绘帝鉴图说》之《孝德升闻》 / *143*

八、王素《二十四孝图》之《虞舜孝感动天》 / *144*

九、任伯年《二十四孝图》之《虞舜》 / *145*

十、王震《一亭居士画二十四孝图》之《虞舜》 / *146*

十一、李霞《二十四孝图》之《虞舜孝感动天》 / *147*

十二、徐燕孙《二十四孝图》之《孝行感天》 / *148*

十三、陈少梅《二十四孝图》之《孝感动天》 / *149*

十四、黄叶村《中华二十四孝》之《孝感动天》 / *150*

十五、苏州木版年画《虞舜耕田》 / *151*

十六、武强家堂木版画《大舜耕田》 / *152*

十七、武强年画《二十四孝图》之《大舜耕历山》 / *153*

十八、凤翔年画《二十四孝》 / *154*

十九、凤翔年画《耕读图》 / *155*

二十、武强年画《尧王访舜》 / *156*

二十一、庆阳年画《舜耕历山　尧王访贤》 / *157*

二十二、绵竹墨拓年画《孝感动天图》 / *158*

二十三、年画《大舜耕田》 / *160*

二十四、年画《舜德流芳》 / *161*

第五章　帝舜陵庙图像景观 / *162*

一、概述 / *162*

二、山西垣曲诸冯山、历山 / *163*

三、山西永济蒲州古城、尧王台 / *172*

四、山西临汾洪洞唐尧故园 / *178*

五、山西临汾洪洞历山舜庙 / *182*

六、山西临汾洪洞万安娘娘庙 / *188*

七、山西运城舜帝陵 / *192*

八、山东诸城舜庙 / *206*

九、山东菏泽鄄城历山虞帝庙　/　210

十、山东济南千佛山舜祠　/　213

十一、山东济南趵突泉娥英祠　/　215

十二、山东济南趵突泉三圣殿　/　217

十三、山东济南舜庙　/　218

十四、山东临沂平邑舜帝庙　/　224

十五、河南濮阳瑕邱　/　230

十六、浙江绍兴王坛舜庙　/　233

十七、浙江上虞百官大舜庙　/　237

十八、湖南宁远九疑山舜帝陵　/　241

十九、广西桂林虞帝庙　/　246

二十、广西梧州白云山神鹿台　/　251

二十一、广东韶关丹霞山韶音亭　/　252

第六章　帝舜当代创意图像　/　253

一、概述　/　253

二、塑像　/　254

三、浮雕　/　263

四、景观　/　273

五、木雕　/　285

六、泥塑　/　286

七、书画　/　287

八、邮票　/　292

九、剪纸　/　293

十、剧照　/　295

参考文献　/　297

后记　/　306

引　言

　　帝舜创世神话是中华民族最重要的神话之一，具有结构完整、层次丰富的叙事谱系。其文字叙事主要包括帝舜的感生神话、反迫害神话、二妃神话、禅让神话、崩逝神话、子孙神话等丰富内容。帝舜创世神话具有上古英雄神话的原型特征，"象""鸟"等核心元素和图像程式体现了鸟氏族和象氏族之间的斗争。帝舜创世神话图像历史悠久、脉络清晰，构成了传承有序的图像谱系。图像谱系是一种图像叙事，更是创世神话的一种叙事传承模式。从汉代一直到明清，帝舜图像持续传承，其时间谱系也相对完整。随着东汉、北魏、明清时期中国孝道传统的形成和发展进程，帝舜图像也在低谷与高峰之间描画出创作与传播的发展曲线。

　　帝舜作为中华道德文明始祖，其孝感动天的生平事迹，与娥皇女英的凄美爱情，尧王访贤、尧舜禅让的圣贤传说，以及歌南风、奏韶乐的发明，开启道德文明的功业，均在帝舜图像中得到全方位展现。它们通过画像石、壁画、石刻、绘画、版画、雕塑等艺术形式演绎帝舜神话，构建了多层次的形式谱系，成为中华辉煌文明传统的载体与见证。图像叙事中的帝舜形象主要分为帝王和孝子两种类型，包括帝王画像、行孝图像、二妃图像、禅让图像、治国图像等主题。在儒家学者的大力宣传下，历代图像中舜的孝子形象数量最多，也最深入人心。

　　帝舜陵庙中的图像和景观是帝舜图像叙事的重要内容。我国帝舜陵庙和宫殿主要分布在山西、山东、湖南、广西、浙江等地。这些地方的帝舜遗迹往往较为集中，帝舜神话传说长期流行，从而形成了帝舜图像的空间谱系。上述地区的帝舜陵庙大多古已有之，虽然由于战争、自然灾害和人为破坏，许多陵庙已不复存在，但强大的民间信仰和社会力量促使其在不断地破坏和重建中顽强生长，故而有些帝舜陵庙存续的历史已长达千年。

　　围绕这些帝舜陵庙展开的官民祭祀仪式和民俗活动，集中体现了帝舜创世神话的仪式叙事。有文字记载的帝舜官方祭祀可以追溯到先秦，此后相沿不绝，分为帝王出巡祭祀、祖先祭祀以及舜庙、帝王庙的专飨祭祀等类型。关于帝舜的民间祭祀，则分为自发祭祀与宗族、社群的组织性祭祀。改革开放以来，政府、学术团体以及帝舜后裔在各地帝舜陵庙开启了祭祀舜帝、寻根问祖的热潮。这些祭祀活动增强了帝舜陵庙等遗址和文物的保护，加速了帝舜图像的恢复重建，加强了海内外舜裔宗亲的联络，也增强了中华民族的凝聚力和向心力。

　　口头语言、文字记载、图像景观和仪式行为是帝舜创世神话的四种叙事形态，具有不同的叙事内涵和影响效果。我们除了关注图像和文字两种叙事形态的异同之外，还可以通过研究帝舜民间传说和历代祭祀帝舜的仪式行为来观察帝舜创世神话的传承与流变。结合这四种形态进行多角度分析，可以更好地挖掘帝舜创世神话丰富的文化内涵，深入研究帝舜创世神话流变的互动关联。

　　从神话学的角度看，帝舜是克己为民的祖先英雄，帝舜神话则是道德英雄祖先的创世神话。它们依赖民俗传统的活态传承，直到今天仍生生不息。帝舜创世神话反映在其图像系统中，形成了时间、空间、形式、关系等多向互动的图像谱系。在帝舜创世神话研究中充分运用图像学方法，能揭示帝舜图像引领语言、文字、仪式叙事乃至影响中华政治、文化、历史演进的功能和意义。

　　本书试图通过帝舜图像谱系研究理清创世神话中帝舜的家庭关系、社会关系、臣属关系等复杂的关系网络，突出帝舜孝感动天、以德治国、平定天下的主要神话情节。本书的主旨在于观照图像叙事与语言叙事、文字叙事、仪式叙事的关联性和差异性，力争全面而多元地展现帝舜创世神话图像谱系。研究帝舜图像谱系，可以提高帝舜图像的认同度和识别度，加快中国神话资源的创造性转化。另外，可将帝舜图像谱系纳入中华创世神话图像谱系的总体建构中来，这样能够规范相关的图像重建和祭祀活动，最终促进与帝舜创世神话相关的文艺创作、民俗旅游和文化振兴。

第一章　帝舜创世神话与图像谱系

　　帝舜创世神话在历代文献中有诸多记载，历经千百年来口耳相传，得以不断保存、传承。帝舜神话传说包括帝舜的出生、成长、婚姻、治国、崩逝等丰富内容，传播范围遍及山西、河南、山东、湖南、广西、福建各地，深深影响了我国南北地方文化与道德文明的发展进程。《尚书·舜典》载："德自舜明。"《史记·五帝本纪》也说："天下明德，皆自虞帝始。"帝舜以德治国，建立孝道文化，推动了中华文明由野蛮走向德治的历史转折，开创了政通人和、天下太平的上古文明鼎盛时期。不止如此，作为中华道德文明始祖，古往今来还留下了许多关于帝舜的图像遗存。它们通过画像石、墓室壁画、石刻、绘画、屏风、插图、版画、雕塑等形式演绎了多姿多彩的帝舜故事，构建了脉络清晰的帝舜创世神话图像谱系，成为中华辉煌文明传统的承载者和叙写者。

一、帝舜创世神话概述

　　舜，号有虞氏，名重华，史称帝舜、虞舜，是华夏文明的重要奠基人。据《史记·五帝本纪》，舜是帝颛顼的六世孙，其世系为：颛顼—穷蝉—敬康—句望—桥牛—瞽叟—重华。其中自舜五世祖穷蝉起都是平民，舜的父亲名瞽叟，母亲为握登，因见大虹感孕而生舜于姚墟，故而舜因出生地而得姓姚。

（一）帝舜神话传说

1. 感生神话
帝舜的奇异出生是其神性的首要体现，战国时期已经广泛流传着舜的感生神话：

> 母曰握登，见大虹意感而生舜于姚墟，目重瞳子，故名重华。龙颜大口，黑色，身长六尺一寸。(《竹书纪年》)

谶纬文献中也不乏舜的感生神话的记载。其内容更丰富，说法更多样，且一般紧随尧的感生神话之后，形成尧、舜相连的帝王感生神话序列。舜的感生神话流传于民间时，在文献记载的基础上又加入了地方风物和人情风俗。如舜生于垣曲诸冯山的传说，即是如此：

> 在那太行、王屋两山的西陲，坐落着一座不大出名的小山，叫诸冯山。它是中条山的一个支脉，海拔八百米以上。就在这个山峰下边，住着几户人家，形成一个小村落，叫姚墟。在姚墟有位勤劳善良的女性，名叫握登。她的丈夫是个双目失明的瞎老头，人们叫他瞽叟，真名叫什么？没有传下来。别看他是一个平民百姓，根基却不浅，他可是黄帝轩辕氏的第七代孙呢。
>
> 握登观虹有感，怀胎十二月遂生下一个儿子，父母见儿子眼睛里有两个瞳仁，便为孩子起了个名字，叫重华。这就是后来的舜王。①

垣曲民间传说中讲到，帝舜出生后最异于常人的神性特征"重瞳"，这也是其被称作"重华"的由来：

> 舜，姚姓也，目重瞳，故名重华。(《世本·帝系》)
>
> 舜二瞳子，是谓重明，作事成法，出言成章。(《淮南子·修务训》)
>
> 舜目四瞳，谓之重明。故目好动，而曰舜，或作瞬。(《春秋演孔图》)

"瞬"的本意为眨眼或转眼珠，按照《春秋演孔图》的说法，舜之得名与其"重瞳"特征息息相关。舜的面貌身形也异于常人，汉代之书及纬书中的描写颇

---

① 吕步震、安泽峰：《舜文化寻踪》，中央文献出版社 2005 年版，第 99 页。

为具体，也更怪异：

> 舜形体大，上面圆首，长于天文，纯于孝慈。(《春秋繁露》)
> 方面，目衡重华，握石椎，怀神珠。(《洛书灵准听》)
> 舜龙颜大口，手握褒。(《孝经援神契》)

综上可知，舜是一位身形高大，体态清瘦，四肢强劲，圆首大耳，面方嘴阔，四瞳子，脸色黧黑，颔上无须，鼻梁正直，额宽丰满，气宇轩昂，手握宝物的"北方汉子"形象。[①] 这些细节描写都在强调其夸张且异于常人的神性，通过具有神奇出生和与众不同的长相，为其后来成长为一代贤明圣德之君作好铺垫。

2. 反迫害神话

孝行是舜的德性之本，为了凸显这一特征，帝舜神话通过富有戏剧性的情节展现其父母的种种迫害，继而又以舜运用智慧和技巧而一一化解，以体现其以德报怨、遇难成祥的神性。迫害情节在《史记》中集中表现为"焚廪纵火""落井下石"：

> 尧乃赐舜絺衣，与琴，为筑仓廪，予牛羊。瞽叟尚复欲杀之，使舜上涂廪，瞽叟从下纵火焚廪。舜乃以两笠自扞而下，去，得不死。后瞽叟又使舜穿井，舜穿井为匿空。舜既入深，瞽叟与象共下土实井，舜从匿空出，去。
> 瞽叟、象喜，以舜为已死。象曰："本谋者象。"象与其父母分，于是曰："舜妻尧二女与琴，象取之；牛羊仓廪予父母。"象乃止舜宫居，鼓其琴。舜往见之。象愕不怿，曰："我思舜，正郁陶。"舜曰："然，尔其庶矣！"舜复事瞽叟，爱弟弥谨。(《史记·五帝本纪》)

关于舜的家庭矛盾和反迫害神话，孙作云从图腾和氏族的视角来进行解读。他认为舜和其父瞽叟都属于东方的鸟氏族，舜是鸟氏族中的一大族——凤族之酋长，象和他的母亲属象氏族，他们之间的矛盾来自氏族之间的利益

---

① 周亚平、欧利生、吕芳文、周九宜主编：《九疑论道·下》，岳麓书社 2015 年版，第 468 页。

冲突。①

在焚廪、掩井的基础上，《列女传》又增加了饮酒迫害的情节，突出二妃为舜出谋划策、转危为安的关键作用。敦煌文献《舜子变》于焚廪、掩井之前加入了摘桃伤足的迫害情节，且不是依赖鸟工、龙工等的神力，而是由来自印度佛经故事中的天神"帝释"，在摘桃和掩井后两次帮舜化解。

在河南濮阳流传的《舜王爷淘井》传说中，帝舜重瞳的特征、浚井被害等情节与文献记载一致。姚墟位于濮阳东南50里处的村庄徐镇，负夏在其西南40里：

> 濮阳县东南50里处有个村庄叫徐镇，上古时候这里叫姚丘、姚城、姚墟。姚丘上出了个大贤人，因生就双瞳，取名叫重华，因生在姚丘，取姓姚，后来尧帝禅让帝位给他，人称舜帝。

> 舜小时候，因父亲宠爱后母和弟弟象，在家经常挨打受骂，并且他父母和弟弟经常想方设法谋害他，可他却次次地化险为夷。有一次舜的父母想了一个坏点子，说："咱家的井里水不旺了，你下去淘一淘吧。"舜是一个大孝子，就很顺当地下到井底去淘井，谁想当舜刚下到井底，就见辟天盖地的往井下填起土来，不一会就把井盖住了……

> 就在舜躲在井底不知所措等死的时候，忽然听到有人叫他："重华！重华！快跟我来！"重华在井底下定睛仔细一看，井壁上被人挖了个洞，洞中有一位慈眉善目的老年人在向着他招手，舜急忙跟着老人从洞里逃了出来。

> 临出洞时，老人说，孩子你逃走吧，不然早晚有一天你会被他们害死的，下一次谁也保证不了能救你了。舜既害怕又激动，感动地问："老人家您是谁呀？"老人随口说了一句："孩子别问我是谁，记住逃命去吧！"舜执意要问老人家是谁，好以后报答救命之恩。老人无奈说了句："在井里救你的能有谁呀，我是井。"舜也没听清就感激地说："井家的老先生，心地善良，愿上天保佑您子孙兴旺，长生不老。"说罢就出了洞，逃到了西南40里

---

① 孙作云：《中国古代鸟氏族诸酋长考》，载《孙作云文集·中国古代神话传说研究》，河南大学出版社2003年版，第493—496页。

地的负夏去了。

　　说来也是巧合，后来在徐镇还真有姓井的人家，并且人丁兴旺，现在已经是徐镇集上的大户姓氏了。①

此民间传说中，引舜出井者是老人装束的井神，并联系到当地有井姓大户等情节，地方文化特征鲜明，异于《列女传》中鸟工、龙工的神力之助。

3. 二妃神话

不难看出，迫害情节实施时舜已成年娶妻，故而在诸多关于舜的迫害神话中，二妃也成为帮助舜持家尽孝、化解危难的重要角色。舜所娶二妃为尧之二女，成为尧的女婿，也代表了后者对舜的认可：

　　有虞二妃，帝尧二女也，长娥皇，次女英。（《列女传·有虞二妃》）
　　舜年二十以孝闻。三十而帝尧问可用者，四岳咸荐虞舜，曰可。于是尧乃以二女妻舜以观其内，使九男与处以观其外。舜居妫汭，内行弥谨。尧二女不敢以贵骄事舜亲戚，甚有妇道。尧九男皆益笃。（《史记·五帝本纪》）

作为部落联盟领袖的帝尧将两个女儿娥皇、女英嫁给舜，俨然是考察舜能否承接帝位的方式之一。舜治家、治事的才德突出，履职出色，最终摄行政务；二妃也辅佐舜打理家事，协调亲戚关系，为舜解除后顾之忧。除此之外，二妃神话还与迫害神话有机结合，将焚廪、掩井、醉酒的三次迫害，都归功于二妃的帮助，并借用鸟工、龙工的神力，使舜和二妃的神性大大增加：

　　瞽叟与象谋杀舜。使涂廪，舜归告二女。二女曰："时唯其戕汝，时唯其焚汝，鹊汝裳，衣鸟工往。"舜既治廪，旋捐阶，瞽叟焚廪，舜往飞出。复使浚井。舜告二女。二女曰："时亦唯其戕汝，时其掩汝，汝去裳，衣龙工往。"舜往浚井，格其出入，从掩，舜潜出。（《楚辞·天问》洪兴祖补注引《列女传》）

---

① 吉庆印主编：《帝舜故里》，瑕邱文物保护领导小组2001年印，第175—176页。

瞽叟又速舜饮酒,醉,将杀之,二女乃与舜药浴汪,遂往,舜终日饮酒不醉。舜之女弟敤手怜之,与二嫂谐。(《列女传·有虞二妃》)

《列女传·有虞二妃》在二妃之外,还增加"舜之女弟"的记载。"女弟"即妹妹,这使舜的家庭成员结构更完整,也为后世"舜妹护兄"神话提供了源头。

尧之二女在《列女传》中名娥皇、女英,但在《大戴礼》《汉书·古今人表》中却分别有倪皇、女匽、女英、女莹等不同称谓,郭沫若将之与《山海经》中的帝俊妻进行对比,认为羲和即娥皇、倪皇,常羲即女匽、女英、女莹,二妃的诸多名称乃音变所致。《湘君》中的"女婵媛"乃常羲、女匽、女英、女莹之异辞。①郭沫若在此基础上,据《礼记·祭法》《国语·鲁语》《楚辞·天问》等,进一步认为帝俊、帝舜、帝喾、高祖夒其实是同一人,只是上古以来,俊、喾、舜、夒等字音近而讹,形近而变,加上后世儒者根据古代传说伪造古史,才最终造成一人多名的情况。②

殷商始祖神帝俊在《山海经》里出现多达16次,身份高贵,地位显赫。郭璞在《大荒东经》"帝俊生中容"下注:"俊亦舜字,假借音也",自此以后,很多学者认同帝俊就是帝舜的说法。王国维提出帝俊即是帝喾,徐旭生则认为帝俊、帝喾、高辛、帝舜这四个名词分别代表四个不同的人或氏族。③

4. 禅让神话

尧舜禅让是帝舜创世神话中最为重要的部分。从《尚书·尧典》和《史记·五帝本纪》等早期文献记载中,可以看到禅让过程经历了举荐、考验、摄政、登位等一系列和平过渡,也体现了舜卓越的政治才干。

尧享誉后世的主要功德之一就是求贤、举贤、让贤,并以得舜为最大成功。尧与四岳讨论求贤,四岳推举了很多人都不成,最后举荐了以大孝闻名但身份却是平民的舜:

① 《释祖妣》,载《郭沫若全集·考古编》第1卷,科学出版社1982年版,第19—64页。
② 郭沫若著、《民国丛书》编辑委员会编:《先秦学术述林》,东南出版社1945年版。
③ 徐旭生:《中国古史的传说时代》,文物出版社1985年版,第72页。

　　帝曰："咨！四岳，朕在位七十载，汝能庸命，巽朕位？"岳曰："否
德，忝帝位。"曰："明明扬侧陋。"师锡帝曰："有鳏在下，曰虞舜。"(《尚
书·尧典》)

　　尧曰："悉举贵戚及疏远隐匿者。"众皆言于尧曰："有矜在民间，曰虞
舜。"(《史记·五帝本纪》)

　　于是尧对舜进行了一系列的观察与考验，除了前述派二女与九子观其内外，
还对其进行各方面的政治考察：

　　(舜)纳于大麓，烈风雷雨弗迷。(《尚书·舜典》)

　　尧善之，乃使舜慎和五典，五典能从。乃遍入百官，百官时序。宾于四
门，四门穆穆，诸侯远方宾客皆敬。尧使舜入山林川泽，暴风雷雨，舜行
不迷。(《史记·五帝本纪》)

　　舜以圣德入大麓之野，虎狼不犯，虫蛇不害。(《论衡·乱龙篇》)

　　尧对舜的各种考验中，"虎狼不犯，虫蛇不害""入于大麓而不迷"就充满了
神话意味的描述。[1]舜能够破除风雨迷雾，不惧野兽侵袭，说明舜的政治才干也
充满神性，充分体现了顺承天命、百物归顺的圣德所在。舜通过了重重考验后，
终于得到尧的认可，得以祭拜尧的祖先：

　　帝曰："格汝舜，询事考言，乃言底可绩，三载，汝陟帝位。"舜让于
德，弗嗣。正月上日，受终于文祖。(《尚书·尧典》)

　　正月上日，舜受终于文祖。文祖者，尧大祖也。(《史记·五帝本纪》)

　　之后舜进入了摄政时期，舜祭祀天地山川，巡狩四方，代理天子之政事，为
为下一步正式进行禅让作准备：

---

[1]　袁珂：《古神话选释》，北京联合出版公司 2017 年版，第 153 页。

在璇玑玉衡，以齐七政。肆类于上帝，禋于六宗。望于山川，遍于群神。辑五瑞，既月，乃日觐四岳群牧，班瑞于群后。岁二月，东巡守，至于岱宗，柴。望秩于山川，肆觐东后。协时月正日，同律度量衡。修五礼、五玉、三帛、二生、一死贽，如五器，卒乃复。五月南巡守，至于南岳，如岱礼。八月西巡守，至于西岳，如初。十有一月朔巡守，至于北岳，如西礼。归，格于艺祖，用特。五载一巡守，群后四朝。敷奏以言，明试以功，车服以庸。肇十有二州，封十有二山，濬川。象以典刑，流宥五刑，鞭作官刑，扑作教刑，金作赎刑。眚灾肆赦，怙终贼刑。钦哉，钦哉，惟刑之恤哉！流共工于幽洲，放驩兜于崇山，窜三苗于三危，殛鲧于羽山。四罪而天下咸服。（《尚书·舜典》）

尧崩逝之后，舜虽然一再让位于丹朱，但因其受到百官拥戴，最终众望所归，登上了天子之位，禅让神话圆满完成：

尧立七十年得舜，二十年而老，令舜摄行天子之政，荐之于天。尧辟位凡二十八年而崩。……尧崩，三年之丧毕，舜让辟丹朱于南河之南。诸侯朝觐者不之丹朱而之舜，狱讼者不之丹朱而之舜，讴歌者不讴歌丹朱而讴歌舜。舜曰"天也夫！"而后之中国践天子位焉，是为帝舜。（《史记·五帝本纪》）

对于史家学者来说，出现禅让神话的尧、舜、禹三圣王时代是中国古史的传说时代。禅让学说代表了封建正统思想，历来是重要的研究主题。自康有为作《孔子改制考》，禅让学说受到了近代学者的质疑，是战国时儒家学者为了托古改制而编造。[1] 顾颉刚认为禅让学说起于学者对于战国时期政治问题的道德化、理想化的宣传和鼓吹。[2] 墨家学者提出尧舜禅让，是为了宣传自身的主张，但舜禹禅让是后人所添。[3]

---

① 康有为：《孔子改制考》，中国人民大学出版社 2010 年版，第 23 页。

② 顾颉刚：《讨论古史答刘胡二先生》，载《古史辨》第一册，上海古籍出版社 1982 年版，第 105 页。

③ 顾颉刚：《禅让传说起于墨家考》，载《古史辨》第七册（下），上海古籍出版社 1982 年版，第 30 页。

禅让神话在民间流传过程中，演绎为"尧王访舜"的民间传说，且结合地方风物，寻访的细节在各地都有不同版本。安徽历山上有尧池和舜井，就来自当地流传的尧帝访舜传说。尧池在法藏寺左侧山腰上，原先为汩汩而流的一口清泉，"久雨不积、久旱不涸"，后人将泉围成半圆形池子：

> 相传尧帝千里迢迢寻贤到历山，舜心有所虑，推说自己的贤德只能荫及历山人民，还不足以替天下苍生祈福。尧帝更认为舜谦逊难得，求之若渴，劝之不怠。一日尧帝又与舜来到这块巨石之上，尧帝纵论选贤之道，能当人而天下取，失当一人而社稷危；畅谈圣人之仁，德荫历山是仁民，贤及天下为仁君；提倡贤人之为，与天地德合，同天下贤行。舜被尧帝的诚心所动，也深深感受到尧帝"其仁如天，其知如神"，就答应跟尧下山。尧帝听后，异常兴奋，那天竟与舜从早晨谈到中午，口干舌燥，也无意折返。这时尧帝俯视石下草木繁盛，土石潮润，就拨开草木，扒开泥土，一汪清泉顿入眼帘，二人掬泉畅饮，话接前语，戴月而归。

"舜井"紧临"尧池"，但比尧池大且深。有文记载："帝尧与舜至此，困息思浆，睹斯境润泽，帝龙指按捏，泉应手喷涌，为尧池之所由来也。"

> 相传尧找到水后，舜想将尧池里的水贮存起来，方便更多百姓饮用，就在尧池的下方的石块中凿一个深井，把尧池里的水引入其中。说也奇怪，舜离开历山后，尧池里的水就再也引不进舜井了。"舜井"就变成了一口"大雨不积滴水、常年干涸"的石池，人们说舜恩德如泉，已泽及天下了。①

5. 崩逝神话

关于帝舜的崩葬之处历来争议颇多，其中"南己""江南九疑""鸣条"三种说法有较大影响。《墨子》《吕氏春秋》主张舜葬"南己之市"：

---

① 张广祥主编：《尧舜之乡》，经济日报出版社 2009 年版，第 84—85 页。

> 舜西教乎七戎，道死，葬南己之市。（《墨子·节葬下》）
>
> 舜葬于纪市，不变其肆。（《吕氏春秋·安死》）

《墨子》以尧、舜、禹三圣王的葬埋方式为例，批判久丧厚葬是一种奢侈浪费，不利于社会发展。其中提到了舜葬"南己之市"，与尧之"蛩山之阴"、禹之"会稽之山"对应。《吕氏春秋》与其观点相似。《孟子》却说舜"卒于鸣条"：

> 舜生于诸冯，迁于负夏，卒于鸣条，东夷之人也。（《孟子·离娄下》）

此处的舜与文王相对，体现两位圣王施行仁政并无时空之差异。鸣条在何处，并不是要表达的重点，因此没有指明具体地方。山西运城有鸣条岗，鸣条岗西端建有历史悠久的舜帝陵。尽管有"南己"和"鸣条"两种说法，《山海经》中多次提到舜的归葬地，大多是在湘水、苍梧等地，与"江南九疑"说接近：

> 湘水出舜葬东南陬，西环之。入洞庭下。一曰东南西泽。（《山海经·海内东经》）

司马迁曾"窥九疑，浮于沅、湘"，在巡游中到过九疑山，在综合神话故事和民间传说之后，认为舜于南巡途中的苍梧之野去世，葬于江南九疑山：

> （舜）践帝位三十九年，南巡狩，崩于苍梧之野。葬于江南九疑，是为零陵。（《史记·五帝本纪》）

九疑山从夏代开始就建有舜庙，王莽时又大规模扩建，历代官方祭祀规模宏大，从未间断。九疑山至今还流传有大量关于舜帝和二妃的民间传说，如"二妃寻夫"不仅点明舜死后葬于九疑山的舜源峰，还加入了山民护坟、山神考验、孽龙抢亲等充满神话色彩的民间想象：

> 相传舜帝南巡，在苍梧山杀死神兽的同党巨蟒之后，不幸中毒死了，埋

在茂竹丛生的九疑山上。

听到这个不幸的消息,舜帝的两个妃子娥皇、女英哭作一团,悲痛欲绝。她们不辞辛劳,不避艰险,急忙以凤凰为车,玉龙为马,驾着彩云,日夜不停地朝九疑山奔来……

这哭声好凄惨,声声撕肝裂胆,阵阵揪心绞肠。大雁听了,不忍离去,苦苦哀求九疑山神帮忙。九疑山神扯下几朵红霞做彩衣,拔出几棵松柏做木柴,化成一个打柴的老人,挑着一副担子,边唱山歌边向她俩走来。"九疑山高我更高,我在月宫磨柴刀,太阳里面偷火种,天王星上砍柴烧。"听见这豪放的歌声,娥皇知道来人不凡,赶忙收住眼泪,拉起哭倒在地的妹妹女英,迎上前去请教老人家。樵夫想考验她们对舜帝的忠诚,故意讲舜帝已经尸骨凉了,寻墓没有什么必要了;讲九疑山高路长,寻墓等于大海捞针;还讲神兽要盗墓,孽龙要毁棺,寻墓凶多吉少……

樵夫见二妃如此忠贞不贰,心里非常感动,悄悄告诉她俩,九疑山民把舜帝安葬在伸手可以摘下星星来的舜源峰上,还告诉他俩,为了防止意外,山民们又在杞林、箫韶等地造了几个假坟。最近,神兽盗墓、毁棺的阴谋败露后,山民们更加守口如瓶,并且说:"前段风闻你们已经变心,成了孽龙的人,他们就更加小心了。现在唯一的办法,是消除误会,取得信任。不然的话,你们是找不到舜墓的。"樵夫的话一讲完,就化成一只白鹤飞走了。二妃知是仙人指点,向空中拜了几拜,就朝舜源峰奔去……①

大概在战国时期,舜帝南巡及二妃的神话传说就已在湖湘大地上流传,衍生出"湘妃竹""湘君、湘夫人"的神话主题,成为舜葬"江南九疑"说的另一有力证据:②

尧之二女,舜之二妃,曰湘夫人。舜崩,二妃啼,以涕挥竹,竹尽斑。(《博物志·史补》)

---

① 湖南省宁远县《九疑山志》编纂委员会编:《九疑山志》,方志出版社 2005 年版,第 332—333 页。
② 肖献军:《舜帝归葬地考》,《湖南行政学院学报》2017 年第 2 期。

舜去世后，舜之二妃寻迹至苍梧。二人均泪如泉涌，眼泪滴落在竹竿上，竹竿随之出现了很多斑点，这正是斑竹的由来。九疑民间传说"泪竹的故事"就讲述了斑竹和娥皇峰、女英峰的来历：

> ……听了舜帝不幸身亡的事，二妃悲痛万分，抱着竹枝哭了七天七夜，血和泪滴在竹枝上、抹在竹枝上。从此，就成了"泪竹"。二妃悲痛至死，化成了两座高大秀丽石峰，伴随舜帝，千年万载永不离。这两座山峰就叫娥皇峰、女英峰。①

二妃哀悼完帝舜后，采取了类似殉葬的仪式，二人溺死于湘江之中，继而成为湘水神：

> 大舜之陟方也。二妃从征，溺于湘江。神游洞庭之渊，出入潇湘之浦。潇者，水清深也。（《水经注·湘水》）

《九歌·湘君》《湘夫人》以文学艺术的形式呈现了湘水神的故事，尽管后人对"二湘"所指的解读有多种可能，但帝舜"二妃"说始终占据一席之地。上述神话情节与《山海经》帝之二女栖居洞庭之山、巡弋澧沅、潇湘的内容相近：

> 又东南一百十里，曰洞庭之山，其上多黄金，其下多银铁，其木多柤、梨、橘、櫾，其草多葌、蘪芜、芍药、芎䓖。帝之二女居之，是常游于江渊。澧、沅之风，交潇湘之渊，是在九江之间，出入必以飘风暴雨。是多怪神，状如人而载蛇。左右手操蛇，多怪鸟。（《山海经·中次十二经》）

"帝之二女"在江渊巡游，出入伴随惊风暴雨，怪鸟水神陪侍左右，正与《九歌·湘夫人》"帝子降兮北渚，目眇眇兮愁予。袅袅兮秋风，洞庭波兮木叶

---

① 湖南省宁远县《九疑山志》编纂委员会编：《九疑山志》，方志出版社 2005 年版，第 338 页。

下""鸟何萃兮苹中，罾何为兮木上""荒忽兮远望，观流水兮潺湲""九疑缤兮并迎，灵之来兮如云"等情形相似。《九歌》中的湘神忧愁满怀、望眼欲穿，巡游洞庭湖面，也演变成寻找心上人的浪漫行为。至于众神降临，鸟栖蛟聚，也在缠绵哀伤的基调中失去了《山海经》"怪神""怪鸟"奇诡怪异的色彩。可以说，《九歌》成为关于"二妃"神话的最美叙写范本。

在舜葬苍梧的基础上，又衍生出"象为之耕"等神话主题：

> 舜葬苍梧，象为之耕。禹葬会稽，鸟为之佃。(《论衡·偶会篇》)

由"鸟为之佃"来看，"象为之耕"之"象"非指舜的弟弟，而是指大象。象耕是我国古老的农业耕作模式，直到唐代还广泛存在于南方。① 因此，"象为之耕"的说法在现实中是可能的。后人为象立祠，又根据野生象的特征取名为"象鼻亭"，更体现了"舜服野象"的神话情节的现实化处理方式。

> 鼻亭神在营道县北六十里。故老传云，舜葬九疑，象来至此，后人立祠，名为鼻亭神。——张守节《正义》注引《史记·五帝本纪》

袁珂认为最早的舜神话，应该以猎人舜和野象的斗争为主，"虞"字的含义来源于丛林中的猎人，"象"最初指动物野象，逐渐历史化为名为"象"的弟弟。其注《山海经·海内经》亦据象之封地、葬所、神祠等推论，认为舜亦古神话中之神性英雄，其一生之功业，厥为驯服野象。②

6. 子孙神话

帝舜神话除了舜及二妃之外，还包括其子孙的一些神性叙事，这就使帝舜神话家族谱系更为完善。舜的子孙中，最为出名的要数不肖子"商均"：

---

① 吴圣杨：《象谚语与泰人的女性崇拜——从中国南方的象耕古风说开去》，《东南亚研究》2007年第5期。

② 袁珂校注：《山海经校注》(最终修订版)，北京联合出版公司2014年版，第385—386页。

舜子商均亦不肖，舜乃豫荐禹于天。十七年而崩。三年丧毕，禹亦乃让舜子，如舜让尧子。（《史记·五帝本纪》）

《路史》云商均是女莹（英）所生，而且和其父亲、爷爷一样喜欢歌舞：

女莹生义均，义均封于商，是为商均，是喜歌舞。（《路史·后纪十一》）

商均常与其他不孝子丹朱、五观、太甲、管叔鲜、蔡叔度并列，被称为"奸子"，成为圣王因子孙不孝而禅让贤臣的合理理由：

尧有丹朱，舜有商均，启有五观，汤有太甲，文王有管、蔡，是五王者，皆有元德，而有奸子。（《国语·楚语》）

舜到底有多少子孙，各家说法不一。《吕氏春秋·去私篇》说舜有九子，《路史》说有八子：

舜有子八人，始歌舞。（《路史·后纪十一》引《朝鲜记》）

文献里没有提到这八子的名字，也不知道商均是不是其中之一，但舜善弹五弦琴、歌《南风》，其父瞽叟据说也是宫廷乐师，故其子发明了歌舞，或以能歌善舞著称，也是沿袭家庭传统。也许他们和商均一样因为喜欢歌舞而无心国事，故舜要将帝位禅让于治水有功的大禹。《山海经》里又提到一个"叔均"：

赤水之东，有苍梧之野，舜与叔均之所葬也。（《山海经·大荒南经》）

郭璞认为"叔均"与"商均"应为同一人，注云："叔均，商均也；舜巡狩，死于苍梧而葬之，商均因留死，亦葬焉。墓在九疑之中。"袁珂考证"叔均"又在传说中分化成了另外几个人：建言黄帝处置旱魃，后来成为田祖；后稷的孙子，发明牛犁耕地；后稷弟弟台玺的儿子，发明牛耕并播种百谷。"叔均"与"义均"也是同一人。义均名倕，是帝俊的儿子，是尧时一个有名的工匠，发明了许多有用的工具和乐器，故称巧倕。袁珂认为，义均、叔均、商均乃同一人，既然义均是有功于民的创世英雄，令人对商均"不肖"的说法产生怀疑。[①]多数文献并未说明他除了喜欢歌舞之外，还有什么其他恶劣事迹，但在民间传说中，商均也曾有过正面形象。如九疑山"舜帝南巡"传说，商均在二妃眼中是聪明能干的儿子，又在陪同父亲南巡时斩杀巨蟒、教民耕种、驯化野牛、饲养家禽，似乎并没有文献中说得那么不肖。

除了商均之外，舜的其他子女各有异禀，如登比氏所生宵明、烛光两个女儿，能光照百里：

> 舜夷登比氏生宵明、烛光，处河大泽，二女之灵能照此所方百里。一曰登北氏。(《山海经·海内北经》)

另外，《山海经》所载摇国和载国，其国民也多是舜的子孙后代。其中巫载民黄皮肤，擅长拉弓射箭，生活富足，衣食无忧：

> 帝舜生戏，戏生摇民。(《山海经·大荒东经》)
>
> 载国在其东，其为人黄，能操弓射蛇。(《山海经·海外南经》)
>
> 有载民之国。帝舜生无淫，降载处，是谓巫载民。巫载民盼姓，食谷，不绩不经，服也；不稼不穑，食也。爰歌舞之鸟，鸾鸟自歌，凤鸟自舞。爰有百兽，相群爰处，百谷所聚。(《山海经·大荒南经》)

载民善用弓箭狩猎，精通百谷种植，又能调教歌舞之鸟与百兽，可谓继承了舜管理山林、驯养禽兽的天赋。

（二）帝舜的治国功绩与发明创造

舜作为人文初祖之一，尧舜禅让、垂拱而治构成了帝舜治国神话的核心内

---

① 袁珂：《古神话选释》，北京联合出版公司 2017 年版，第 155 页。

容。尧把帝位禅让给舜，二十八年后去世。舜为了树立声威，放逐"四凶"，又选贤任能，举用"八恺""八元"等治理民事。洪水暴发后，舜任命大禹治水，完成了尧未完成的盛业。舜巡狩四方，勤于为政，整顿礼制，减轻刑罚，统一度量衡。他还要求民众"直而温，宽而栗，刚而毋虐，简而毋傲"，孝敬父母，和睦邻里。在其治理下，政教大行，八方宾服，四海归心。舜治理天下的诀窍在于"执两用中"，也就是《礼记·中庸》所说："舜其大知也与！舜好问而好察迩言，隐恶而扬善，执其两端，用其中于民。其斯以为舜乎！"所谓"中"，就是事物的分寸。凡事权衡利弊，掌握恰当的度，以公平、公正的方式加以处理，自然会取信于民。

舜当了天子之后，还以身作则，成为维护并推行家庭伦理的表率。其不计前嫌，恭敬地去朝见瞽叟，封弟弟象为诸侯：

> 舜之践帝位，载天子旗，往朝父瞽叟，夔夔唯谨，如子道。封弟象为诸侯。(《史记·五帝本纪》)

瞽叟精通音乐，舜受其影响而善弹五弦琴。舜即位后，命乐师在瞽叟所弹瑟的基础上进行改制，又封夔为乐正官，命乐师延把瞽叟制造的十五弦琴改造成为二十三弦，又命乐师质整理了《九招》《六列》《六英》等乐曲：

> 舜立，命延乃拌瞽叟之所为瑟，益之八弦，以为二十三弦之瑟。帝舜乃令质修《九招》《六列》《六英》，以明帝德。(《吕氏春秋·古乐篇》)
>
> 帝舜弹五弦之琴，以歌《南风》。其诗曰："南风之薰兮，可以解吾民之愠兮。南风之时兮，可以阜吾民之财兮。"(《绎史》卷十引《尸子》)
>
> 昔者舜鼓五弦，歌《南风》之诗而天下治。(《韩非子·外储说左上》)

"南风"，在古代亦称作"凯风"。据《广雅》，"凯"的本义为"大"，因而《南风歌》实则可视作"大风歌"。刘邦称帝后还乡犒劳乡邻，曾作《大风歌》。其中"大风起兮云飞扬，安得猛士兮守四方，威加海内兮归故乡"等句，无不一展帝王治理天下之志。如果与帝舜《南风歌》进行简单对读，不难发现，两者可谓殊途同归。换句话说，帝舜《南风歌》不仅是刘邦《大风歌》的前身，亦堪称自古帝王诗的鼻祖。

民间叙事中，帝舜的治国神话和许多创造发明有了进一步地阐释。如九疑山一代流传的"舜帝南巡"传说，舜帝禅位于禹之后到南方治理水患，并教民制茶、播种，兴办书堂，教奏韶乐：

> ……舜帝的木筏飞越了黄河，冲过了长江，进入了洞庭……木筏来到洞庭湖心，只见湖边连绵起伏的山丘上，绿油油的一片。舜帝一眼看出，那是一片上好的茶叶，如今正是嫩叶吐芽季节，可是无人上山采摘。舜帝叫随行人员，把附近的老百姓召集起来，带领大家上山采摘茶叶，并教大家学会制茶。传说洞庭湖，有名的君山茶就是舜帝教会的……
>
> 舜帝离开君山，穿过洞庭湖，木筏进了湘江……木筏越往上，水越急，两岸的灾情也越发严重。特别是进入潇水河，来到九疑山一带，山高岭陡，田少石头多……
>
> 舜帝决心亲自治理好九疑山这块地方。首先派了五名勇士，驻守五指砠，堵住恶龙水怪的去路。舜帝带着人马在九疑营扎下营寨，大臣们把马拴在拴马石上，在玉琯岩搭起帐篷。如今九疑营、玉琯岩、拴马石都有舜帝留下的足迹。
>
> 舜帝在紫霞岩里找到了水怪，与水怪大战一场，凭着自己的神力，杀死了水怪，让紫霞岩里九曲银河穿山而出，流入鸭婆洞。从此，田园水旱无忧。
>
> ……舜帝降服了黄龙，又听说野猪岩是百兽相聚的窝子，就派鼎武将军去收伏百怪……舜帝把带来的谷种分发给老百姓，派儿子商均教老百姓耕田播种……舜帝见老百姓日子过好了，又派识文大臣在紫霞岩内办起了读书堂，如今石人列座栩栩如生，就是舜帝留下来的。
>
> 舜帝又派韶乐大臣，用西王母送来的十二支玉琯，教大家奏韶乐，让大家会唱歌，会跳舞。玉琯岩的来历就因汉文学士奚景在此得玉琯十二支而得名……①

---

① 湖南省宁远县《九疑山志》编纂委员会编：《九疑山志》，方志出版社 2005 年版，第 324—327 页。

这则传说详细讲述舜帝南巡中的主要功绩，结合洞庭湖、湘江和地方风物君山茶、玉琯岩、紫霞岩、飞龙岩，描绘出这位人间圣王治理一方水土、为百姓解决困难的美好场景。尤其是在降服水怪、黄龙和恶兽时，凸显了舜帝非同寻常的神力。

（三）帝舜开启道德文化与孝文化

帝舜是中华道德文化的始祖，其为人处世、治国理政，均以德为先导，以和谐为依归，以和合、和平、和谐为追求。帝舜的德治思想在古代被圣人、皇帝争相仿效，往往被奉为治国良策。直至今日，它也能在当代的道德建设中发挥重要的引领作用。

帝舜的德治思想与尧一脉相承，后者晚年将王位禅让于舜，强调"允执厥中"。这正是前述《礼记·中庸》赞美舜"执两用中"的思想来源。后来舜又以此传于禹，并形成儒家艳称的"十六字心传"。一如《尚书·大禹谟》所说："人心惟危，道心惟微，惟精惟一，允执厥中。"舜告诫禹：人心危险难安，道心幽微难明，只有精心一意，诚恳地秉执其中正之道，意指言行不偏不倚，符合中正之道才能治理好国家。正因如此，以尧舜禹构成的上古三代，才成为后世儒家学者心目中政治最清明的黄金时代。

《尚书·舜典》说："曰若稽古帝舜，曰重华，协于帝，浚哲文明，温恭允塞，玄德升闻，乃命以位。"这里的"文明"，其意为智慧深远且文德辉耀。舜德睿智高明，温和恭敬，潜藏而不外现，又充满于天地之间。这种含蓄的德行即为"玄德"，简言之就是无为而治。《论语·卫灵公》说："无为而治者，其舜也与！夫何为哉？恭己正南面而已矣。"孔子称赞舜帝恭以自守，群贤分职，天下自然得治。这种治理模式意味着君臣分工明确，知人善任，不专断，不越权，充满了管理的智慧。历代皇帝多以舜帝为贤德标杆，不断规范和勉励自己的行为。如康熙御笔亲题"浚哲文明"匾额，悬挂于山西运城舜帝陵皇城献殿前，以赞美舜帝智慧深邃，德行经天纬地，临照四方。皇城献殿后方"恭己南面"匾额为宋真宗所题，更是其学习舜帝端正自身、无为而治之德政思想的最好体现。

舜与尧一样，同是先秦时期儒墨两家推崇的古昔圣王。而舜对于儒家，又有特别的意义。舜的传说以孝著称，其道德人格形象正好可以作为儒家伦理学说的注脚。曾子作为儒家树立的崇奉孝道的典范人物，其《孝经》集中体现了他的孝道主张，在赓续帝舜孝善传统的同时，一定程度上也带有了部分帝舜孝感动天的神性色彩。孟子是极力推崇舜的孝行的儒者，他倡导人们向舜看齐，做舜那样的孝子。如《孟子·离娄下》说："舜，人也；我，亦人也。舜为法于天下，可传于后世。我由未免为乡人也，是则可忧也。忧之如何？如舜而已矣。"在孟子看来，人若无忠孝之心，自与禽兽无异。舜作为天子，能够为天下人的孝行的典范，世人没有理由不加以效法。史学家顾颉刚曾提出"层累地造成的古史"的观点，并以舜的故事为例，认为其圣王和孝子事迹是逐渐丰富起来的。[①] 由于孔孟等儒家学者的宣传，有关舜的孝子传说在中国文化传统中留下极深刻的影响，因此在历代图像中舜的孝子形象数量最多，也最深入人心。

汉代以后，上古神话传说中的帝舜，逐渐由充满神话色彩之英雄转向极具平民特点之孝子。尤其经过民间的演绎，孝子型舜所具有的伦理意味和现实意味更浓。北魏开始，孝子图像成为墓葬画的重要内容。此后，舜在孝子图中的具体形象不断丰富和发展，至宋金时期逐步形成固定构图和程式，明清木刻版画兴起后又有一个大的发展。可以说，时代越靠后，舜在孝子图像中出现的频次就越高。舜成为古今孝子的典范，居于《二十四孝图》的首位，形成固定的图像程式。"孝感动天"几乎是关于舜的经典图像主题，俨然已成为其典范事迹的根本性标志，进一步演化成为中华孝文化的代表性符号。

（四）帝舜遗迹及庙宇、陵寝

帝舜神话具有多点起源的特征，故有关帝舜的出生、成长、治都、陵寝之地等问题无不伴随争议，千百年来纷讼不息。这些争议涉及全国不少地域，归纳起来，主要分布在山西、山东、河南、浙江、湖南、广西、广东、河北、安徽等省区。这些地区不仅长期流传着与舜相关的神话传说，往往还有许多历史遗存与之印证，形成了自成一体的神话叙事系统。虽然随着时间的流逝，有些历史建筑已被损毁，但不少在当代得以复建，相关的祭祀仪式、礼俗活动也得以复兴，成为

---

① 顾颉刚：《与钱玄同先生论古史书》，载《古史辨》第一册，上海古籍出版社 1982 年版，第 59 页。

当地重要的节庆项目，甚至是旅游景观。正是在政府引导、社会支持、民众参与的多重运作下，它们取得了可观的社会效益和经济效益。

1. 山西帝舜遗迹

山西是帝舜神话传播的重镇。传说舜的先祖虞幕分封于山西平陆的虞城，故址在今平陆县城北张店镇古城村附近。舜因其封地在虞城，故而姓虞。时至今日，舜的神话传说仍密集分布于运城市、永济市和垣曲县以及洪洞等地。运城古属冀州，秦时始置河东郡，唐宋时期辖区几乎涵盖现山西全省。

永济古称蒲坂，当地人认为舜的出生地诸冯在古蒲坂城北三十里，即今永济市张营镇舜帝村，旧名诸冯村，又名姚墟村。清代《永济县志》卷一图考中绘有"诸冯图""历山图""雷泽图""汭汭图""双井图""河滨图"，是清代永济保有大量帝舜遗迹的图像证据。从"诸冯图"中可以看出，清代诸冯村北曾有舜庙，村东有舜制陶的"河滨"。村中央现仍存清康熙巨碑，碑文字体隽永，称"大孝有虞舜帝故里"。张营镇的南陶城村和北陶城村，是传说中"舜淘河滨"的故址。[①]舜帝村东南500米处有舜父瞽叟坟，村南几十里外的历山，据传即为舜所耕历山。《山海经·中山经》载："薄山之首，曰其甘枣之山。……又东二十里，曰历儿山。"毕沅说："此薄山即山西蒲州山。"历儿之山，"即历山也，在今蒲州府南。经云历儿者，语之缓"。另外，永济雷首山位于县城西南25公里的黄河岸边，相传舜"渔于雷泽"即在此。雷首山俗名龙头，远观形如一条青龙，头入黄河戏水，蔚为奇观。妫、汭二水源出雷首山，相距二里，自蒲坂入黄河，也就是传说中舜帝所居的妫汭水畔。

舜曾迁于负夏，当地认为负夏在今垣曲县历山镇同善村。垣曲县境内还有诸冯山和历山，遗存舜出生之诸冯、姚墟、石龛，舜耕作的舜王坪及鸣条、舜井、舜庙、寿丘、雷泽、舜塔、卫地等众多遗迹。帝舜即位之后，都城从平阳迁到了蒲坂，蒲坂本是尧帝旧都。早在《帝王世纪》中就有"尧旧都在蒲，舜都蒲坂"的记载，六朝、唐宋蒲州地记、方志中亦延续了这种说法。如刘宋永初年间蒲坂城中已有舜庙，城外又有舜宅、二妃坛等礼制建筑。今永济韩阳镇山底村苍陵谷还有娥皇女英陵，据说娥皇、女英死后埋葬于此。帝舜晚年居住并崩逝于鸣条，

---

① 运城市盐湖区虞舜文化研究会编：《舜乡圣迹》，山西古籍出版社2004年版，第4页。

即孟子所谓"舜卒于鸣条"。舜帝陵在今运城市盐湖区鸣条岗西端，俗称鸣条舜帝陵。因其是舜帝安度晚年之所，附近又称安邑。因舜陵在此，唐初曾一度将北安邑改称为虞州。①

洪洞等地的帝舜、二妃信仰堪称山西帝舜香火最盛之地。舜被当地人称为舜王、圣王，其出生地、成长地也均在洪洞县境内有对应地名。如当地人以为舜王生于明姜镇圣王村"诸冯疙瘩"，后耕历山、陶河滨、渔雷泽，以孝闻名。尧王访舜以后，迁舜居于今万安村旁妫汭处，禅位于舜，嫁二女为其妻。舜于万安内邑"国家堡"登帝位，治国安邦。娥皇、女英姐妹为舜排忧解难、母仪天下，千百年来受世人敬仰，在当地百姓心目中威望甚高。历山人称舜为"爷爷"，称娥皇、女英为"娘娘"。羊獬人则称娥皇、女英为"姑姑"，称舜为"姑父"。自此两地结成联姻亲眷相互走动，形成了每年农历三月三羊獬人"接姑姑""住娘娘"，四月二十八历山人"迎娘娘回婆家"的走亲习俗。② 至 2008 年，"接姑姑迎娘娘"走亲习俗被列为第二批国家级非物质文化遗产名录。

就舜帝陵庙来说，永济、垣曲、运城、洪洞等地的规模较大，存续至今，围绕陵庙也流传着大量与帝舜及二妃相关的神话传说。此外，根据方志记载，祁县、襄汾、古县、沁水、代县、河典、夏县、闻喜等多地都曾建有舜庙，还有与舜帝相关的二妃庙、丹朱庙、尧庙、稷王庙等，可惜大多今已不存。③

2. 山东帝舜遗迹

如前所述，《孟子·离娄上》载："舜生诸冯，迁于负夏，卒于鸣条，东夷之人也。"按照这种观点，舜的出生、活动之地，如诸冯、姚墟、历山、雷泽、河滨、寿丘、负夏等均在山东境内。帝舜文化在齐鲁大地传承已久，影响广泛。不仅历代《山东通志》《曹州府志》《兖州府志》《菏泽县乡土志》《诸城县志》《历城县志》《泗水县志》等方志中多有记载，诸城、菏泽、济南、泗水、平邑等地现今也分布着许多有与舜相关的祠庙和纪念性建筑。

例如，诸城市诸冯村位于今市北 5 公里，村内曾有古迹"舜庙""舜井"，村

① 张培莲、叶雨青编：《舜帝陵庙》，山西经济出版社 2005 年版，第 41 页。
② 陈泳超：《尧舜传说研究》，南京师范大学出版社 2016 年版，第 331 页。
③ 湖南省地方志编纂委员会编：《舜帝陵志·上》，方志出版社 2018 年版，第 185—187 页。

北有土岭称"历山（犁山）"，山下有宽阔水域称"雷泽"。村东即潍河，当地人以之为舜曾制陶的"河滨"。[①] 宋神宗熙宁九年（1076），苏轼出任密州知州（治今诸城）期间曾作《登常山绝顶广丽亭》。诗中"西望穆陵关，东望琅琊台。南望九仙山，北望空飞埃。相将叫虞舜，遂欲归蓬莱"等句，说明当时祭祀虞舜之风颇盛。清初李澄中《渔村木芝庵记》认为，潍阳雷岭东接诸冯，相传这里是舜出生处。乾隆《诸城县志》"古迹考"亦载，诸城北十五里有诸冯村，早在《明职方地图》中就在"诸城"条下特别标注"舜生处"。上溯舜所处的年代，正是龙山文化的鼎盛时期。从诸冯发掘出土的黑陶蛋壳杯、黑陶豆、盆型鼎、双耳杯、陶尊、黑陶高柄杯等典型的龙山文化器物来看，它们与舜的生存年代相吻合。

菏泽鄄城县古为昆吾旧壤、颛顼遗墟，后长期为濮州州治。《吕氏春秋》载："尧葬谷林，舜耕于历山，陶于河滨，渔于雷泽。"不仅谷林、河滨、雷泽、历山均可在菏泽境内找到相应之地，舜的出生地诸冯也在菏泽有村名对应。如明清时期菏泽县西北五十里，其地原有诸冯村，并距离当地称作姚墟之处不远。鄄城县闫什镇历山庙村有历史悠久的历山虞帝庙。上述在明清方志中均有清晰记载。因此，菏泽作为舜出生地、活动地的说法历史悠久，影响也较大。

济南古称齐州，因历山而得名，故亦称历下。历代盛传舜耕于济南的历山，如《水经注·济水》《封氏闻见记》都详细记载了齐州城历山、舜山、舜祠、舜井的方位。不过，济南周边并无雷泽、诸冯等与舜的事迹对应的地点。

临沂平邑县有诸冯村和舜庙，泗水县有历山，均留存有帝舜民间传说和相关遗迹。如雷泽湖位于泗水县与平邑县交界处，上古时期属于东夷腹地。雷泽湖向南四里的历山，自古以来当地居民在此开展农耕活动。此处古有"舜耕历山处"石碑，以及元代即称"未详所始"的舜帝庙，附近又有诸冯、河滨、寿丘、负夏等众多舜迹。

3. 河南帝舜遗迹

帝舜神话传说中"舜生姚墟""耕于历山""渔雷泽""陶河滨""迁于负夏"的相关活动，以及"历山"和"虞帝庙"，均在河南濮阳有迹可循。顾炎武指出：

---

① 王炳熹：《虞舜》，中国文史出版社 2016 年版，第 197 页。

"夫舜濮人也。而曰生于冀，都蒲也，而曰在于潘，此千载所疑也。然考之舜生姚墟，其侧微也，耕稼、陶、渔在于雷泽、河滨、寿丘、负夏，率皆鲁卫之境。又濮州有历山，山下有姚城，则舜实濮人也。"据马世之考证，虞舜成为有虞氏部族和华夏集团首领之前，主要活动在濮水流域一带，有关诸冯、姚墟、历山、雷泽、河滨、负夏、顿丘等史迹，也大都分布于此。[①]

《水经注·瓠子河》说："瓠子故渎，又东南经桃地，今鄄城西南五十里有桃城，或谓之洮也。"学者考证，洮即桃，通姚，其地望在今濮阳县徐镇。另外，许顺湛《说雷泽》还认为，历山、雷泽、河滨、寿丘、负夏都在鲁西与濮阳地区，姚墟与雷泽相近。郑玄、皇甫谧皆言"负夏"在卫地，即今河南濮阳县郊的瑕邱一带。除了濮阳，偃师县和登封都曾建有舜庙，足见河南舜迹颇广。

4. 湖南帝舜遗迹

如前所述，舜晚年南巡，自洞庭湖南下，沿湘水、潇水而至零陵，于苍梧之野去世，葬于九疑山。娥皇、女英至湖湘间吊唁，并溺于湘水。因此，湖南境内分布着大量帝舜及二妃遗迹，如湘阴舜帝庙、武陵舜庙、邵阳大舜庙、衡州府舜庙、永州府舜庙、零陵潇湘祠、祁阳潇湘庙、东安大庙口舜庙和金字岭舜庙、道州舜庙、蓝山舜庙、临武舜帝庙等。千百年来围绕着这些庙宇和风物，又衍生出诸多凄美的帝舜爱情传说。

湖南宁远九疑舜帝陵规模宏大、历史悠久，各时期《宁远县志》《永州府志》有大量记载。《水经·湘水注》记载了九疑山名的来历："苍梧之野，峰秀数郡之间，罗岩九峰，各导一溪、岫壑负阻，异岭同势。游者疑焉，故曰九疑山。"九疑山有舜源、娥皇、女英、杞林、石城、石楼、朱明、箫韶、桂林九座峰峦，因以得名。自古以来，九疑山舜帝陵都是官民祭祀舜帝的主要场所。现如今，从岳阳君山，到常德德山、湘潭韶山、南岳衡山、邵阳良山、永州东安舜皇山，最终到永州宁远九疑山，舜帝南巡经过的山水大多成为旅游胜地。这些地方往往通过丰富的图像景观和动人的民间传说，不断传承、发扬着湖湘帝舜文化。

5. 广西、广东帝舜遗迹

帝舜崩葬的"苍梧之野"大体位于湖南南部、广东及广西北部一带，故除了

① 马世之：《濮水流域虞舜史迹探索》，《中州学刊》2001年第3期。

湖南永州以外，广西桂林、梧州和广东韶关也分布着舜帝遗迹。桂林虞山公园位于桂林城北，因园内有虞山和虞帝庙而得名。为纪念舜帝曾南巡到此，从秦代开始就建有虞帝庙，经历代修缮重建，今存"舜庙遗址""南薰亭""韶音洞"等众多遗迹，以及历代古碑65件，最重要的要数唐代《舜庙碑》（又称三绝碑）和宋代朱熹作《靖江府新作虞帝庙碑》。① 另外，据方志可知，桂林的临桂县有虞山、皇潭、双妃冢、舜庙等遗迹，灵川县有尧山和舜祠，全州县、灌阳县都曾建有舜庙。

梧州白云山山脉自湖南九疑逶迤而来，遥连五岭，总纳三江。据说舜帝在南巡途中不幸在梧州染病去世，白云山金鸡岩是舜帝归葬之地。舜帝庙在大云山（今白云山）麓的金鸡岩，自唐至清，屡经修葺，春秋拜祭，香火旺盛，清《梧州府志》《苍梧县志》都有详细记载。白云山建有"光华亭""神鹿台"，叮惜舜庙和舜陵今已不存。

韶关市丹霞山有韶音台，台上建有韶音亭，传说舜帝南巡时曾在此演奏韶乐。韶关市曲江区曾建有舜祠，相传虞舜帝南巡至皇冈山麓，此为南巡最后一站，故旧有翠华亭、虞帝祠、舜峰寺、皇潭泉等舜帝遗迹。《太平寰宇记》《广东通志》《韶州府志》《韶州府志》中均有丰富记载，惜皇潭舜祠今已荒废。值得一提的是，韶关的《韶音》杂志是交流与宣传广东帝舜文化的学术阵地。

6. 浙江帝舜遗迹

浙江上虞位于宁绍平原的中心，是帝舜文化的发源地和传说中心之一。关于帝舜在上虞的传说，有三种说法：舜生于上虞、来过上虞和后裔封于上虞。第一种源自《会稽旧记》，"舜，上虞人，去虞三十里，有姚丘，即舜所生也"，指明舜生于上虞。第二种源自《太平御览》卷八一引《风土记》佚文、《水经注》引《晋太康三年地记》。这种说法承认舜为东夷之人，生于姚丘，居于妫水之汭河、损石之东。舜因躲避丹朱，而途经上虞。还有一种说法是，舜的支裔在上虞，余姚、上虞与舜有关的地名和遗迹都是其支裔为纪念帝舜而附会的结果。在唐以前，上虞就由舜的子孙建立家庙，对舜祭祀。《越中杂识》记载颇详："虞舜支庶封于余姚，又封于上虞，以虞称国故曰上虞……，而其地有历山、舜井、象田、

---

① 牙韩彰主编：《广西文化名胜概览》，广西人民出版社 2010 年版，第 343 页。

陶灶，皆其子孙象舜所居而名之者。旧以为舜生长于是，则附会矣。"《越中杂识》否定了舜生于上虞，但认为他的后人是分封在上虞。①

上虞周边至今还有许多与舜有关的遗迹风物，遗迹周围大都建有舜庙。其中以绍兴王坛舜王庙、上虞百官大舜庙、余姚历山舜庙最为著名，被称为"越中三舜庙"。帝舜的神话传说在当地几千年延续不断，形成了一个虞舜传说圈。② 另外，古会稽县（今绍兴越城区）、缙云县也曾建有舜庙，嵊州市仙岩镇舜皇村建有舜皇庙，但今已不存。

7. 河北帝舜遗迹

河北省涿鹿县城西南二十里处为古城保岱，当地相传是虞舜的出生地和都城。保岱已有四千多年的历史，舜时名宝带，汉代以来又有潘县、潘城、怀戎县、妫州、可汗州、舜乡堡等名称。潘城中有一泉，名为潘泉。当地人认为《史记·五帝本纪》所说"舜，冀州人，居妫汭"之"妫"，即是潘泉流出来的水，古称妫水。"汭"，则是流水弯曲之处。这就是说，舜住的房子，是在潘城中潘泉泉水向东北流的一个拐弯处，亦即现在保岱村称之为"拐角子"的地方。潘城西北三里，即古历山（今窑子头西面的山），是舜曾经耕耘过的地方。历山之上，曾建有尧庙和舜庙，并为舜帝的父亲瞽叟重修了祠堂，也就是后人所说的瞽叟祠。据《魏书》所载，从公元400年至430年的短短三十年中，北魏皇帝拓跋珪、拓跋嗣、拓跋焘，就曾先后五次登上河北涿鹿的历山，以太牢祭尧、舜庙。如今，庙已无存，只剩下尧、舜庙的两处基址。③ 直至唐代，潘县改称怀戎县，县北三里仍保有舜庙，外城有舜井。除了涿鹿以外，河北魏县旧有虞帝庙，唐县有舜庙，蒲阴县（今安国市）有舜祠。不过，均已废弃。

8. 安徽帝舜遗迹

安徽省东至县城北10公里处有历山，山南侧称之大历山，北侧为小历山。唐宋以后，道、佛两教徒来此建庙立祠。北宋范仲淹《舜祠》说："千古如天日，

① 钱钟岳：《舜与上虞考》，载上虞市政协文史资料委员会：《虞舜文化》，上虞市政协文史资料委员会1997年版，第73页。

② 俞日霞：《绍兴虞舜文化研究》，浙江人民出版社2006年版，第23页。

③ 涿鹿县地方志编纂委员会：《涿鹿县志（1989—2009）》，河北人民出版社2014年版，第732—733页。

巍巍与善功。禹终平泽水，舜载治熏风。江海生灵外，乾坤揖让中。乡人不知此，箫鼓谢年丰。"就是当时舜祠的真实写照。明清时期历山建有真人观、草规庵、隐龙庵、黄龙庵，僧尼多达 30 多人。山中的池、井、台、洞、河、桥、湾、渡，均冠以尧舜之名。① 如当地人认为，舜帝初耕于此，贤名远扬，尧帝前来拜访，请求舜下山辅佐朝政。舜被尧的诚意打动，出山理政。后人为纪念尧舜二帝求贤、躬耕胜迹，将此山命名为"舜耕山"，将尧帝渡河处称为"尧渡"。另外，"历山遗泽"自东至建县以来一直是当地八景之一。② 而今，历山已成为国家级旅游观光区，有众多与尧舜有关的遗迹：尧舜圣境牌坊、尧舜文化广场、舜封桥、尧亭、舜亭、弈亭、尧池、舜井等。另外历山上还有法藏寺、竹海、溶洞等风景名胜。

总之，帝舜遗迹和庙宇除了集中于上述几个省市之外，还曾广泛分布于全国多个地区，如陕西金州（今安康）、兴安州（今安康）、西乡县建有虞舜庙（祠）；湖北随州、均州（今丹江口）和蒲圻县（今赤壁）、江西万安等地建有舜庙，只是因为各种原因均已废弃。

（五）历代帝舜祭祀活动

帝舜作为开启道德文化的祖先圣王，其祭祀活动一直是历代祀典中的重要组成部分。就其祭祀活动的规格来说，分为官方祭祀与民间祭祀两种，形成了历史悠久的祭祀传统。接下来，先考察官方祭祀的情况。

1. 帝王出巡望祀

古代帝王出巡途经舜庙时，便会亲自或遣使进行祭拜，多采取望祀的方式。望祀本是遥祭山川地祇之礼，由郊祀发展而来。《大清一统志》载："禹南巡至衡山，筑紫金台，望九疑而祭舜。"大禹望祀帝舜，可谓开创了几千年来帝舜祭祀的先河。此后，秦始皇、汉武帝都曾望祭帝舜。据《史记·秦始皇本纪》载，公元前 210 年，秦始皇出游至云梦时向九疑山望祀虞舜：

---

① 张广祥主编：《尧舜之乡》，经济日报出版社 2009 年版，第 76 页。
② 东至县地方志编纂委员会：《东至县志（1988—2005）》，黄山书社 2008 年版，第 283 页。

三十七年十月癸丑，始皇出游。左丞相斯从，右丞相去疾守。少子胡亥爱慕请从，上许之。十一月，行至云梦，望祀虞舜于九疑山。

《汉书·武帝纪》载，汉武帝南巡狩至南郡时，也曾望祀虞舜：

（元封）五年冬，行，南巡狩，至于盛唐，望祀虞舜于九疑。

"盛唐"是南郡的一处地名，西汉南郡的治所在江陵县（今湖北荆州），则知汉武帝望祀地在今荆州一带。君主在望祭时，一般要筑高台，并沐浴、斋戒，朝向九疑山虔诚叩拜，以表达对帝舜的尊崇。

2. 祖先祭祀

据《史记·五帝本纪》《夏本纪》，大禹禅位后，将帝舜之子商均封于阳城，"以奉先祀。服其服，礼乐如之"。因此，商均是对帝舜进行祖先祭祀的第一人。周武王灭商建周，找到帝舜后人妫满，将长女大姬嫁之为妻，封于陈地，建立陈国，以奉祀舜帝：

陈胡公满者，虞帝舜之后也。昔舜为庶人时，尧妻之二女，居于妫汭，其后因为氏姓，姓妫氏。舜已崩，传禹天下，而舜子商均为封国。夏后之时，或失或续。至于周武王克殷纣，乃复求舜后，得妫满，封之于陈，以奉帝舜祀，是为胡公。①

《国语·鲁语上》则详细记载了春秋时尧舜后人以禘、宗等形式进行祭祀的场景：

故有虞氏禘黄帝而祖颛顼，郊尧而宗舜；夏后氏禘黄帝而祖颛顼，郊鲧而宗禹；商人禘舜而祖契，郊冥而宗汤；周人禘喾而郊稷，祖文王而宗武王，幕，能帅颛顼者也，有虞氏报焉……凡禘、郊、祖、宗、报，此五者国

---

① 司马迁：《史记》卷三十六《陈杞世家》，中华书局1982年版，第1575页。

之典祀也。

根据韦昭注，祭昊天于圜丘为禘祭，祭五帝于明堂为祖、宗祭，祭上帝于南郊为郊祭。可知，夏、商、周君主祭天时，同时以帝舜作为先祖进行配祭。这是一种实现祖先认同和民族认同的重要方式。

此后，新莽、曹魏、西晋、北魏等政权的统治者为了维护自身的正统性，都标榜自己是虞舜后人，对其先祖进行祭祀。例如，自诩为陈胡公后裔的王莽称帝后，追尊陈胡公为陈胡王。他还以帝舜的后人自居，尊黄帝为"皇初祖考"，称舜帝为"皇始祖考"。王莽在九疑山建虞帝园，又在长安京郊设立虞帝始祖昭庙，于皇祖明堂尊祭帝舜。三国时期，魏武帝、魏明帝往往在圜丘祭祀天帝时，以始祖有虞帝配祀。晋武帝则于南郊设坛祭祀上帝时，配祀虞舜。曹植《帝舜赞》、夏侯湛《虞舜赞》，可谓三国、西晋时期祭舜的经典记录。不仅如此，北魏皇族以黄帝后裔自居，祭祀尧舜的活动也更加频繁。[1]这对于加速北魏汉化改革，争取华夏世族的认同，都具有积极意义。

3. 帝舜陵庙祭祀

帝舜的陵庙祭祀不管是时间跨度，规格、规模，还是举办次数，都以宁远九疑山、河东郡舜庙祭祀为代表。其祭祀形式分为君主亲自参与的御祭，与派遣使者或地方官员进行的例祭两种。

自古以来，宁远九疑山就成为祭祀舜帝的圣地。据《宁远县志》载，早在夏代，九疑山大阳溪畔已修建舜庙以供祭祀。春秋时期，因舜征三苗以教化为主，三苗遗民后来组成了荆楚部落，楚人就以帝舜作为至高无上的保护神，进一步在九疑山建舜庙祭拜帝舜。楚灵王还仿照大阳溪舜庙建章华台以方便祭舜。

历代帝王和地方官员在九疑山的祭舜活动从未间断。刘宋元嘉年间，颜延之代湘州刺史张邵撰《为张湘州祭虞帝文》，这是现存最早的最早官方祭舜文字：

> 惟哲化神，继天作圣。藏器渔陶，致身爱敬。是以二妃嫔德，九子观命。在麓不迷，御衡以正。唐历既终，虞道乃光。咨尧授禹，素俎采堂。百

---

① 马兴：《古代祭祀尧舜的种类及其特点略论》，《重庆文理学院学报（社会科学版）》2012年第2期。

龄厌世，万里陟方。敬询故老，钦咨圣君。职奉西湘，虔属南云。神之听之，匪酒伊莘。①

祭文中概述了舜一生治家、睦族、治天下的业绩，同时也表明祭舜为湘州刺史的例行职责，堪称湘州地区地方官祭舜的范例。唐代湖湘地区的官方祭舜活动也颇为频繁，如张九龄曾受唐玄宗差遣前往九疑山祭舜，并撰写《开元六年唐玄宗李隆基祭舜陵文》。道州刺史元结由于舜庙荒废，奏请朝廷将舜庙由九疑山迁至道州西山，并要求设置守陵户加强日常维护，且在祭祀仪式中增加歌祭。唐僖宗乾符年间，延唐（今宁远县）令胡曾又奏请在九疑山玉琯岩前重建舜庙。此后，所有的祭祀活动基本都在玉琯岩舜庙进行。时值宋初，宋太祖下诏在唐代舜帝陵庙基础上加以重修，并敕令形成三年一祭的常祀。南宋祭舜时采用《虞庙乐歌》，歌词由朱熹撰写，进而相沿成为祭舜时的通用歌词：

> 皇无为兮山之幽，翳长薄兮俯清流。渺冀州兮何有？眷兹土兮淹留。皇之仁兮如在，子我民兮不穷。以爱沛皇泽兮横流，畅灵威兮之无外。洁樽兮肥俎，九歌兮韶舞。嗟莫报兮皇之祐，皇欲下兮俨相羊，烈风雷兮暮雨。

朱熹显然仿用《九歌》句法，措辞庄严，楚风浓郁。元代仍对尧、舜、禹等先王庙宇进行春秋二祭，明初太祖朱元璋又采取诸多措施加强了帝舜祭祀。他将舜庙迁于舜源峰下，祭舜制度也进一步规范。除了每年固定的春秋二祭以外，凡遇国家大事，朝廷都会遣官来九疑祭舜。朱元璋还亲自撰写《祭陵祝文》，遣翰林编修雷燧带着祭文到九疑山祭舜。清代是祭舜次数最多的一个封建王朝。从顺治帝起，凡遇即位、平藩等国家大事，朝廷都会遣官至九疑山告祭舜帝，十位皇帝一共御祭四十五次，其中康熙、乾隆两朝多达九次和十二次。清代帝王重视九疑山祭舜，可以有效的凝聚南方地区的民意、民心，并在尧舜文化的感召下扩大政权基础，缓和与汉文化的对立，促进满汉认同与融合。

---

① 张介立编：《历代祭舜》，方志出版社 2008 年版，第 40 页。

国之大事，在祀与戎。九疑山舜帝陵祭祀一直有严格而规范的祭祀程式，并逐代而新，与时俱化。如两汉之前祭典过程没有祭文，只有乐章。汉代增加了读祭文、焚帛书的程序，唐宋时期增加歌祭的内容，明清之际又增加祭祀舞蹈。地方官员每年举行春秋例祭时，交替使用春祭乐章和秋祭乐章。可以说，帝舜祭祀内容随着时间的推移不断完善和发展，至清代最终形成了燎祭（上香、焚帛书）、文祭（宣读祭文）、歌祭、舞祭等多种形式。①

对于民间祭祀活动来说，几乎与官方祭祀具有同样悠久的历史。如九疑山民间组织的祭祀活动持续几千年，至今香火不断。这些民间组织大致由当地群众、舜帝后裔等不同的祭祀团体组成，其祭祀的时间和形式亦有所不同。九疑山民每逢初一、十五或清明、春节等重要日子，都会到舜帝陵祭祀。其祭祀方式较为简单，主要为供奉鸡、猪肉、酒、糍粑等物，祭祀时则焚烧香烛纸钱、祭拜叩头。当地人在 8 月 12 日舜帝生日当天举行祭祀。福建一带的舜裔则把 3 月 15 日定为舜帝生日，祭拜时将自己姓氏的祖宗牌位或画像放置神堂一同祭祀，在仪程、音乐、祭品方面也有固定规制。福建泉州舜裔宗亲赶往宁远县、郓城县进行祭舜大典时，还会举行福建传统的踩街仪式。"踩街"其实是一种圣像巡游仪式，仪式中男女均为闽南装束，惠安女子头披防海风的花色头巾，男子抬着华美的仪仗和装有舜帝和二妃塑像的三顶大轿，进行"抬祖巡街"，以示舜帝神灵已经归来。队伍中还有妇女作打扫状，表示为舜帝神灵清扫路上的灰尘。②

另外，自北魏以来，河东成为舜帝国家祭祀之地。北魏太和年间孝文帝自云中返回洛阳，途经河东，举行了大规模的祭舜活动。其下诏说："祭尧于平阳，祭舜于河东，祭禹于安邑，祭汤于汾阴。"其祭祀尧舜禹与商汤，属于三恪礼的范畴，这无疑有利于增强北魏皇权的汉化属性。北宋初也在河东地区进行官方祭舜活动。如宋太祖在乾德元年（963）下诏："舜庙在河中府以皋陶配，每年的农历二月举行祭祀活动，祭以太牢。"此后，宋真宗曾在河中府祭舜，并于祥符四年（1012）拜谒舜帝陵。

河东当地乡民一般在每年农历二月初二和九月十三祭祀舜帝，并举行为期半

---

① 张介立编：《历代祭舜》，方志出版社 2008 年版，第 4—27 页。
② 湖南省地方志编纂委员会编：《舜帝陵志》，方志出版社 2018 年版，第 283—287 页。

个月的庙会。祭祀活动中，除了社火表演之外，还有颇具当地特色的关公祭拜舜王环节。关公是运城人，青年时常年骑马来拜祭舜帝，后人于是在他拴马的石柱旁建庙供奉。各村挑选出的小伙子装扮成武士，抬着身穿绿袍的关公坐像，后面跟着仪仗队，鼓乐齐鸣周游舜帝陵前，在正殿祭拜舜帝后，再将关公坐像抬回关公祠。然后，舜帝正殿前的戏台开戏，祭祀活动也在人神共娱中达到高潮。

4. 历代帝王庙祭祀

从隋代开始，朝廷在京师建立三皇五帝庙，将中华先祖和历代先贤进行群体祭祀。每年春秋两次以少牢之礼祭祀三皇（伏羲、神农、黄帝）和五帝（少昊、颛顼、高辛、唐尧、虞舜），设置专门的官员负责祭祀事宜。唐代以后，这种祭祀制度变为常态，明清时期祭祀仪式制度更为完善，逐步形成了统一的多民族帝王祭祀体系。虽然历代帝王庙里奉祀的皇帝数量和祭祀格局一直处于变化中，根据历朝的不同标准，一般只包含历代开国皇帝等开基创业和有功于生民者，像秦始皇、晋武帝等功德有亏、得位不正的皇帝都不能进庙享受后人祭祀。然而，尧、舜两位开创道德文化的远古宗神，从建庙之初即进入祭祀序列中，其尊崇地位却相对稳定。

（六）当代帝舜文化复兴与寻根问祖

从前述历代祭祀帝舜活动可以看出，古代祭祀尧舜的本质是古代帝王在血缘认同的基础上，通过认祖归宗的形式以获得其他民族、集团的认同，最终达到政治上的认同。尧舜文化在儒家不遗余力的打造下逐步变成了中华道德符号，在中华文化中具有至高的地位。后世帝王认同尧舜文化，并大力宣传孝、德、义等思想，正是巩固政权、获得臣民效忠的重要手段。[1]

改革开放以来，政府、学术团体以及后裔宗亲团等在九疑山开启了祭祀舜帝、寻根问祖的热潮。从 20 世纪 90 年代开始，共举行过 12 次大规模的祭舜活动。2000 年 4 月 4 日，宁远县人民政府在九疑山公祭舜帝陵，是新中国成立以来的第一次正式的官方祭舜活动。同年 9 月 9 日，永州市政府举办了规模空前的祭舜大典。2004 年 9 月 25 日，舜帝陵基金会和世界舜裔宗亲联谊会联合举行祭

---

[1] 马兴：《古代尧舜祭祀与民族认同》，《贵州民族研究》2008 年第 1 期。

舜大典。2005年，湖南省人民政府举行"乙酉年公祭舜帝大典"，参加的各界人士多达6万余人，成为新中国成立以来规格最高、规模最大的祭舜典礼。[①]2011年，"舜帝祭典"成为第三批国家级非物质文化遗产，九疑山舜帝陵庙和祭祀仪式得到更多的社会关注。

与此同时，海内外舜裔宗亲回大陆寻根拜祖，形成追寻祖先遗迹的热潮，其中世界舜裔宗亲联谊会形成了强大的聚合力量。这是由舜帝后裔中陈、胡、袁、姚、虞、田、王、孙、陆、车十姓联宗形成的国际性宗亲联谊组织。1982年，由中国香港、中国台湾、马来西亚、美国、菲律宾、泰国等国家和地区的舜裔发起组织"世界至孝笃亲舜裔总会"，并在香港召开首届大会。之后每一至二年，由上述首创之六个国家、地区相继举办国际大会。1992年在马来西亚举行的第九届国际大会上，该组织易名为"世界舜裔宗亲联谊会"。该组织在海内外舜裔中有很大影响，至今已举办26届国际大会，举办地包括河南长葛、福建泉州、河南濮阳、山西运城、湖南永州等。这些活动旨在促进寻根问祖，推动两岸交流及祖国和平统一大业。同时，福建各地争相兴修舜帝纪年堂，塑像立碑，寻根祭祖，弘扬先祖舜帝的懿德。1995年，重华舜帝纪念堂建于晋江市罗山镇罗裳山。2006年，惠安县山霞镇山霞村也建起了山霞舜帝纪年堂。福建各地的舜帝纪念堂已成为当地"孝道"文化教育基地，更是海内外舜裔宗亲朝觐谒祖的圣地。

应该说，当代帝舜祭祀活动的广泛开展，体现了帝舜文化在当代的诠释和传承。这些活动增强了帝舜陵庙等遗址和文物的保护，加速了帝舜文化的复兴，促进了相关旅游的开放和推广，也进一步加强了国内外舜裔宗亲的联络，增强了中华民族的凝聚力和向心力。在此过程中，很多帝舜传说和祭祀仪式都被认定为非物质文化遗产项目，丰富了中华优秀传统文化的内涵和外延。另外，不同地区祭祀帝舜的日期和方式各异，民众积极参与祭祀仪式，体现了各族人民对帝舜神话的文化认同，表达中华儿女追远怀祖的拳拳之情，更抒发炎黄子孙期盼九州太平、国泰民安的美好祈愿。

---

① 湖南省地方志编纂委员会编：《舜帝陵志》，方志出版社2018年版，第257—262页。

二、帝舜创世神话图像谱系

神话传说中的帝舜充满神性，不管是入林不迷、入井不死的事迹，还是二妃和子孙的神异禀赋，无不具有典型的祖先神话和英雄神话的属性。在漫长的历史进程中，帝舜创世神话发展出庞大的图像谱系。考察其历史演进、内容类型和图文特征，可以厘清帝舜神话图像的时间谱系、关系谱系和形式谱系，从而全方位展现图像世界中的帝舜创世神话，以便于我们挖掘其独特的文化内涵和当代价值。

图像和景观是帝舜文化传承的重要载体，在祭祀活动和民俗节庆中，它们往往促进了人神沟通的神圣化过程。作为中华民族共同记忆的符号，帝舜图像能够增强民族认同感和国家认同感，促进中华文化的整体性塑造。因此，帝舜图像是中华民族的珍贵文化遗产，其中包含了丰富的叙事内容，诸如象耕鸟耘、孝感动天等神话主题，都为中华文化的定型和传播发挥了核心性的建构作用。

（一）帝舜创世神话图像的历史演进及其时间谱系

1. 早期帝舜图像

春秋以降，帝舜神话在知识阶层的不断改造下，发生了由神话属性到史实属性的转移。两汉时期受到谶纬的影响，帝舜在叙事文本中神异品格凸显，其形象回到了半人半神的状态；但现存的汉代图像多以展示尧舜禅让、帝舜治国为主题，尤其帝舜以帝王形象特兴于东汉画像石中，帝舜的服饰和动作与帝尧相比并无任何差别，具有儒家学说塑造下的上古圣王的共通性特征。这些并没有体现谶纬所载帝舜的感生、异貌、符命祥瑞及其与西王母的关联，故而这一时期明显存在帝舜文本叙事与图像叙事发生错位的情况。

当然，因年代久远，东汉帝舜图像遗存数量不多，画像石中的舜一般为戴冠、长袍的装束（图 1-1），以此来塑造其帝王身份。画像石中表现舜之孝行的内容并不多见。一般认为，武梁祠十六位孝子故事中就不包括舜，仅有内蒙古和林格尔汉墓中出现了舜与其父并立的画面，至于其是否表现帝舜家庭故事，仍存在不少疑点。此时的图像体现了帝舜圣王形象不断建构的过程。

图 1-1　帝舜，东汉画像石拓片，山东嘉祥武梁祠西壁历代帝王图 ①

2. 魏晋南北朝时期帝舜图像

魏晋南北朝时期，帝舜图像侧重表现舜的家庭故事，孝子形象逐渐丰满而立体起来，这也影响了当时墓室图像的题材选择。如考古出土的北魏墓室漆棺、石棺上均有帝舜孝子图，图中以漆画、线刻画等多样形式塑造了舜的孝子形象。再如，司马金龙墓中《列女传》"舜之二妃"漆画屏风保存较好，色泽艳丽，人物众多，故事完整，也颇具代表性。宁夏固原漆棺画中的舜孝子图受到敦煌变文《舜子变》的影响，采用连环画的构图形式（图 1-2），与其他舜孝子图构图形式有很大不同。其中舜出现了罕见的裸体形象，服饰也采用少有的鲜卑服饰。北魏

---

① 顾森主编：《中国汉画像拓片精品集》，西北大学出版社 2007 年版，第 59 页。

帝舜的少儿、裸体、鲜卑等形象均与当时鲜卑统治的政治环境和文化政策相关，集中体现了民族大融合时期帝舜图像的变异和发展。

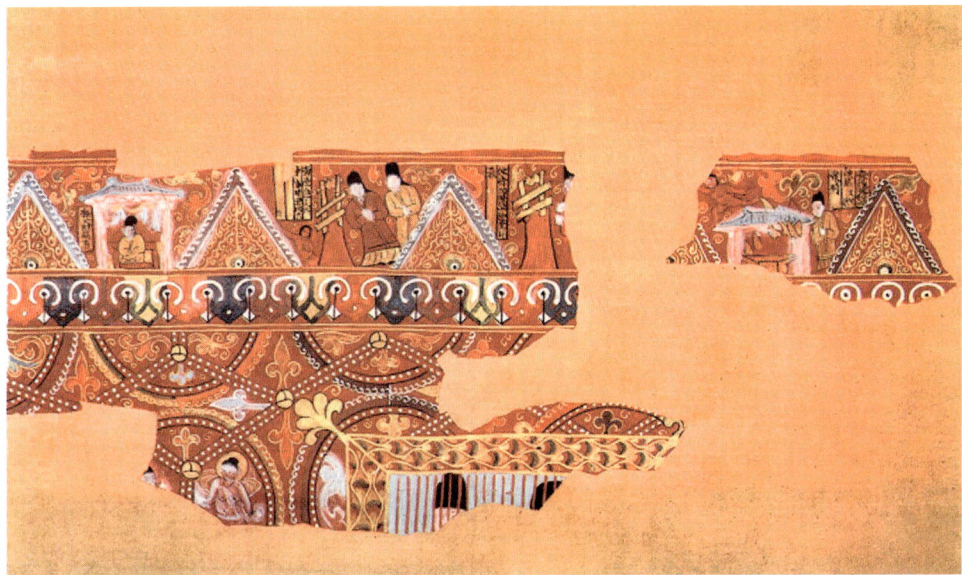

图 1-2　舜孝子故事图，北魏宁夏固原县东郊雷祖庙村漆棺画摹本 [①]

3. 宋金元时期帝舜图像

宋金元时期，北方墓葬中帝舜孝子图像大量出现，这是民间传说中的帝舜向下层民众靠拢的转型期。根据当时墓葬壁画、石棺画、砖雕、陶塑等不同类型，帝舜构图形式也稍有不同。北宋晚期、金代的墓室壁画和石棺画中，孝子图的构图方式较为特别：画面横向排开，分别展示多组行孝场景；舜常居于一排孝子中间，而并非居于首位。这是因为此时二十四孝的文本、图像模式尚未定型，孝子故事的人物数量和情节还不固定。孝子图中舜身着宋代衣帽与服饰，持杆行走，与别的孝子相比，从装扮和仪态上看不出帝王身份。宋金元石棺画和砖雕中，则采取单幅画面表现舜耕历山的场景。同时，宋代舜孝子图中的"象耕"情节已产生了变化，往往在大象前要加刻上猪的形象（图 1-3）。图像中的"猪耕"元素从

---

① 宁夏固原博物馆编：《固原北魏墓漆棺画》，宁夏人民出版社 1988 年版，第 43 页。

未在语言文本中出现过，这无疑体现了图像叙事的独立性和现实性。

图 1-3　舜子，北宋砖雕，故宫博物院藏 ①

4. 明清时期帝舜图像

明清时期，帝王、孝子成为帝舜图像力图表现的双重主题，并成为历代帝舜图像中数量最多，形式最丰富的时期。在此期间，帝舜图像广泛出现于帝王像赞、演义小说（图 1-4）和二十四孝图中。通过木刻版画、纸本绘画、木版年画等艺术形式，展示了帝舜文本叙事中的经典神话情节。明代中后期雕版印刷兴旺发达，普通民众对通俗插图书籍兴趣浓厚，尤其是帝舜演义小说插图，除了呈现经典情节以外，添加了很多文本以外的情节和元素，以满足读者的猎奇心理。

明清帝舜图像还吸取并扩充了文献记载和民间传说的内容，开始出现尧王访舜的情节，以此体现舜的孝名远扬和尧王的重贤品德。同时，宋元时期"象耕"与"猪耕"并存的状况，在清代进一步发展为"牛耕"，帝舜故事的神话色彩已然消退。可以说，明清以来，帝舜集帝王与孝子身份于一体，形成了较为固定的神话叙事模式。受此影响，帝舜图像也已变为符合百姓期待的人间帝王形象了。

---

① 冯贺军：《北宋二十四孝砖雕之（一）——舜子耕田》，载故宫博物院网站 https://img.dpm.org.cn/historical/talk/209757.html。

图 1-4 舜帝封夔为乐正官，明代版画，《列国前编十二朝》插图 [1]

（二）帝舜创世神话图像的内容类型及其关系谱系

历代帝舜图像丰富多彩，通过揭示帝舜成长、家庭、婚姻、治国、崩逝等各种场景，反映了帝舜的亲属关系、婚姻关系、臣属关系，从而勾勒出以帝舜为中心的复杂多样的关系谱系。从图像类型来看，帝舜图像主要分为帝王、行孝、二妃、禅让、治国等几种。

---

① 《列国前编十二朝》，载《古本小说集成》第 3 辑，上海古籍出版社 2017 年版，第 356 页。

1. 帝王图像

图 1-5　帝舜有虞氏，明代版画，《三才图会》插图 ①

作为五帝之一，在帝舜图像谱系中出现最早的是帝王形象。它起始于东汉时期，当时还没有关于舜单独的个人造型，而是位于帝王贤臣的序列中。帝舜紧随帝尧之后，服饰和动作与后者基本一致。在现存武梁祠西壁画像石《历代帝王图》中，舜就是典型的三皇五帝形象。图中舜位列五帝之末，头戴王冕，冠顶倾斜，右侧身作行进状，左手前举，右手伸举胸前，左侧榜题为："帝舜名重华，耕于历山，外养三年。"夏禹因为开创了夏朝，其头部转向后方，代表了王朝帝王序列的开始。因画像石载体的限制，帝舜呈侧面造型，对五官细节也没有过多的描绘。

明清时期，帝舜图像频繁出现在帝王像赞和版画插图中。如在明代弘治刊本《历代古人像赞》和万历刊本《三才图会》（图 1-5）中，舜均为头戴冠冕的帝王形象。这已成为帝舜帝王图像的固定程式，其功能在于展现舜即位后任贤使能、惩罚奸佞的道德圣君品质。《历代古人像赞》中帝舜的榜题说："禅授光明，心学

① （明）王圻、王思義编集：《三才图会》（上），上海古籍出版社 1988 年版，第 529 页。

切要。九官公忠，万世大孝。"与之对应的帝舜图像也颇具特色，帝舜在图像中获得了与黄帝、颛顼一样的服饰规格，即佩戴冕旒冠，这与帝尧、夏禹仅佩戴王冠不同。通过这样的艺术处理，舜作为道德圣王影响力已可见一斑。

2. 行孝图像

行孝图像在帝舜图像中数量最多，其广泛流传于北魏、宋元墓葬以及明清版画中。行孝图像表达的内容十分丰富，包括帝舜家庭故事、舜耕历山故事，等等。

北魏墓葬中的孝子图，以墓室内的漆屏、漆棺、石棺等为载体，以舜的行孝故事为主要内容。舜的行孝图像主要展现了舜早年遭受后母和弟象迫害的情节，并以涂廪、浚井为经典画面。可以说，北魏墓葬孝子图是早期舜孝子图的代表，诸如宁夏固原漆棺、元谧墓石棺和宁懋石室中刻绘的孝子图则是北魏时期孝子图的典范。

图 1-6　尧舜子，北宋晚期壁画，河南登封高村壁画墓东北栱间壁 [1]

---

[1]　中国墓室壁画全集编辑委员会编：《中国墓室壁画全集（3）·宋辽金元》，河北教育出版社 2011年版，第 98 页。

经过唐宋时期的民间演绎，舜的孝子形象逐步定型，舜最终成为二十四孝之首。受唐代影响，舜的孝子故事在宋代仍是墓葬中的重要题材，并开始用"象耕鸟耘"（图1-6）的程式来表现舜耕历山的场景。

图 1-7　孝感动天，清代版画，《御注绘图孝经》插图 ①

明清各个版本的《二十四孝图》中，其首篇就是《虞舜孝感动天》的故事。画面采用"象耕鸟耘"的固定构图程式，舜一改宋代服饰和造型，转变为头戴草帽、手握锄头在历山耕作的农夫形象（图1-7）。图中的大象往往位于舜的身前，体积较大，占据画面主要位置。天空中有几只飞鸟，成为不可或缺的"鸟耘"的元素，山水元素则营造了历山的自然状貌。《日记故事》等启蒙读物和《开辟衍绎通俗志传》等历史演义小说中，也常出现此种画面构图。清代以后，"象耕鸟耘"的程式开始增加"尧王访舜"的情节，并逐步成为画面的重点，这为民国画报中的帝舜插图提供了范本。

---

① 张道一：《孝道图·二十四孝图等考析》，山东教育出版社2015年版，第16页。

3. 二妃图像

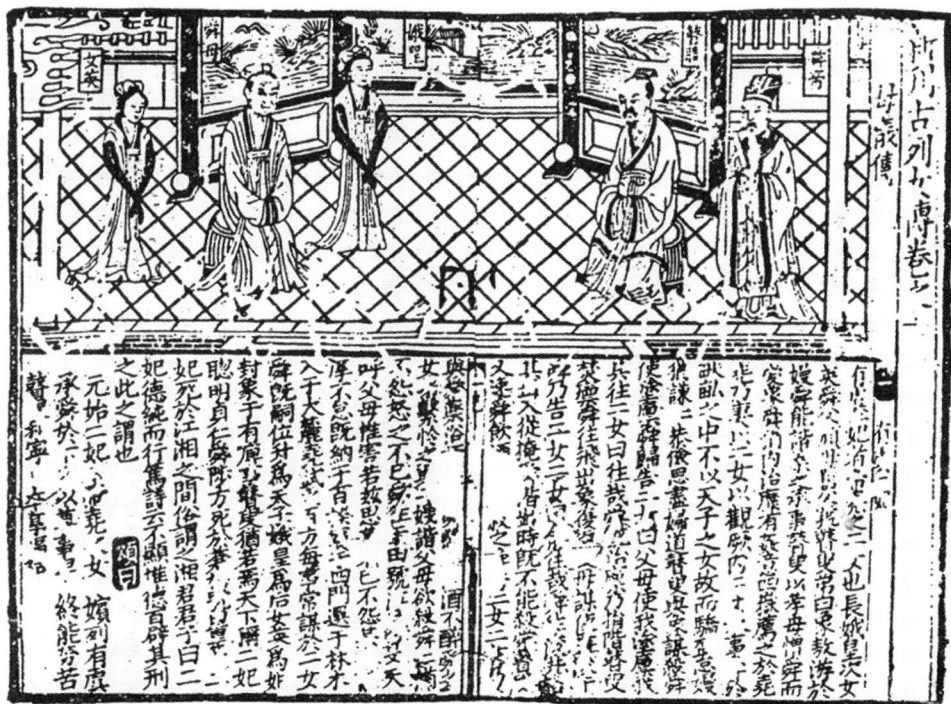

图 1-8 有虞二妃，北宋版画，《新刊古列女传》卷一"母仪传"插图 [1]

　　帝舜图像中有很多表现帝舜与二妃故事的内容，展现了二妃在帝舜神话中的重要地位。比如，刘向搜罗古时贤后贞妇兴国保家之事，撰成《列女传》。其首篇《有虞二妃》将舜之二妃作为上古贤后之典范，歌颂其聪明贞仁、德纯行笃的高贵品质。该篇以二妃侍奉舜母、舜父的插图加以辅助说明，图文并茂，更加形象地突出了二妃的德行。北魏司马金龙墓出土的漆画屏风也表现了《列女传》的内容，《有虞二妃》位于屏风第一层，舜以帝王装扮与二妃相对而立。宋代版画兴起后，《有虞二妃》（图 1-8）列于"母仪传"之首，成为《列女传》插图的代表性故事，明清《列女传》插图中有不少类似图像。同时，萧云从绘《天问》插

---

① 周芜、周路、周亮编：《建安古版画》，福建美术出版社 1999 年版，第 1 页。

图中也展现了二妃帮助舜化解迫害危机的情节（图 1-9）。当然，这一时期还有单独表现二妃的图像，如《明刻历代百美图》中的插图，即为其例。

　　舜帝与二妃的传说是中国历史上伟大的爱情故事，屈原由此为原型在《九歌》里塑造"湘君"和"湘夫人"的形象，又引出舜与湘水之神的浪漫爱情。这样的情节出现在历代丰富的楚辞图像中，不仅提升了二妃在帝舜神话传说中的地位，也体现了帝舜图像与楚辞图像主题互通、相得益彰的密切关系。

图 1-9　舜害不危，清代版画，《离骚·天问》插图①

---

　　① （清）萧云从原绘，（清）门应兆补绘，董楚平译文：《刻画雅辑·离骚全图》(上)，上海古籍出版社 2016 年版，第 40 页。

4. 禅让图像

图 1-10　尧禅舜位，明代版画，《大魁书经集注》插图 ①

　　帝舜图像常常表现文本叙事中的禅让神话，大致以尧王访贤、帝舜摄政和尧禅舜位等主题形式加以呈现。东汉画像石中就出现了帝舜摄政、尧舜禅让的故事情节，如山东莒东县东莞汉画像 1 号石中的"尧舜侍郎大夫图"，描绘了舜带领大臣拜谒尧的场景。据《尚书·尧典》载，尧考核舜三年之后，就禅位于他，所谓"受终于文祖"。不过，在此二十八年后尧才去世，《孟子·万章上》认为这二十八年就是舜"摄政"时期。《史记·五帝本纪》中故多次出现舜摄政之事，应是吸取了孟子的主张。②

---

① 周芜、周路、周亮编：《建安古版画》，福建美术出版社 1999 年版，第 449 页。

② 陈泳超：《尧舜传说研究》，南京师范大学出版社 2016 年版，第 61 页。

明清版画插图中也常常表现尧舜禅让的内容。如明代《大魁书经集注》插图（图1-10）中，画面上部题有"尧禅舜位"四个大字，图像主体则表现禅让前舜祭拜尧之祖先文祖的情景。应该说，这些主题以图像重现"摄政"或"禅让"的历史场景，主旨在于颂美尧舜之间帝王权利的和平过渡，以达到美化当下政治模式的目的。可想而知，帝舜图像语言在特定政治意图的引导下，其构图、情节与主题都进行了有意识的精选和框定，类似《古本竹书纪年》中提到的"舜囚尧""偃塞丹朱"等暴力夺权的记载已然被选择性的遮蔽了。

5. 治国图像

图1-11　群后亮功图，清末版画，《虞书·舜典》插图 ①

明清以来，帝舜神话传说的情节越发丰富，文本叙事中的治国主题开始出现

---

① （清）孙家鼐等：《钦定书经图说》第2册，清光绪三十一年（1905）版，第43页。

在历史演义小说的插图中。明代余象斗所编历史演义小说《列国前编十二朝》，详细讲述了帝舜的家庭故事和治国故事，其插图中展现帝舜任用"八恺""八元"、封夔为乐正官、命禹征三苗、出征南巡狩等治国情景。

清代末期《钦定书经图说》为儒家经典著作《尚书》全文配绘插图，依据《尚书》文本插入了大量的帝舜治国图像，数量超过 20 余幅。主题则包括"宾于四门图"、"班瑞群后图"、"巡守岱宗图"、"车服旌庸图"、"蛮夷率服图"、"群后亮功图"（图 1-11）、"知人能官图"等，全方位表现了帝舜选贤任能、巡守四方的治国方略。

6. 其他图像

图 1-12　清代版画，《离骚图》插图 ①

---

① （清）萧云从原绘，（清）门应兆补绘，董楚平译文：《刻画雅辑·离骚全图》（上），上海古籍出版社 2016 年版，第 98 页。

帝舜形象还出现于《离骚图》等插图中，但此时帝舜并不是画面主要人物。屈原非常推崇贤明的帝舜，在《离骚》中就写下名句"济沅湘以南征兮，就重华而陈词"。他希望楚国君王能像帝舜一样举贤任能，使楚国能够强大起来。清乾隆四十七年（1782），门应兆在补绘萧云从《离骚图》时就展现了这一场景（图1-12）。画面中帝舜着冠冕衮服，三个侍从举华盖仪仗，乘龙车于天空中飘然而下，好似天神下凡，派头十足。屈原则站在船头，躬身向舜帝叩拜，诉说衷肠。他脚下的滔滔江水，与天空中的云雾浑然一体，亦真亦幻。虽然帝舜在楚辞图像中只是满足情节表述需要的次要人物，却扩展了帝舜图像的表现内容。

（三）帝舜创世神话图像的图文特征及其形式谱系

1. 帝舜图像的图文特征

从帝舜创世神话图像的图文特征来看，其图像叙事和文字叙事具有趋同性。早期文献记载的涂廪掩井（图1-13）、舜耕历山、孝感动天、尧舜禅让、舜崩苍梧、湘妃斑竹等神话主题，在历代帝舜图像中均有丰富的展现。这些神话图像可以说是文字叙事的物化形态，从视觉和记忆上很好地传承了帝舜创世神话。

同时，图像叙事与文字叙事也有一定的差异性，产生了图文错位的现象。帝舜图像都是对帝舜正面形象的描绘，文字记载中的暴力、特异形象没有出现在图像中。《古本竹书纪年》《韩非子》《庄子》等早期典籍中，帝舜是流放父母弟弟、囚君篡权的狠毒角色，是一个有野心、有阴谋的"暴力型"政治家。在汉代纬书中，还记载了其感生神话和重瞳等异于常人的面相身形，但这些文本形象并没有呈现在图像中，说明帝舜图像在发展过程中具有独立性，并没有完全遵从文字语言，甚至反过来对文字叙事具有一定的引导性和超越性。由于图像系统对帝舜之帝王、孝子标签的不断塑造，其崇高而伟大的圣王形象逐渐深入人心，汉代以后的文字叙事中已不再出现对帝舜负面形象的描写。从帝舜图像叙事和文字叙事的差异性中可以看出，帝舜图像是研究帝舜神话最直接的材料，其有着和纸质文本系统并行不悖的叙事谱系，故而具有极高的研究价值。

2. 帝舜图像的形式谱系

帝舜图像的形式谱系分为艺术载体和地域特征两种。

首先，帝舜图像依托于各个历史时期的不同艺术载体，形成了丰富多样的形式谱系。历代帝舜图像几乎涵盖了各个时期的多种艺术领域，尤其是在画像石、版画、绘画、壁画（图1-14）、砖雕、玉雕（图1-15）、年画、连环画等艺术载体中均有精彩呈现，成为我国艺术作品的重要题材之一。也正因为这些丰富的艺术形式，才能推动帝舜图像拥有适应各种载体的艺术创作，进而丰富了帝舜图像的形式内容。

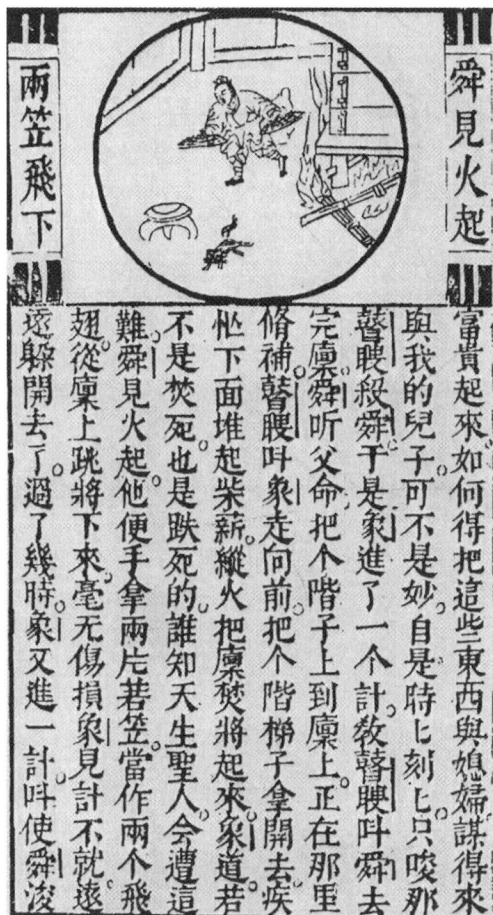

图1-13　舜见火起两笠飞下，明末版画，《盘古至唐虞传》插图 [1]

---

[1] 《盘古至唐虞传·有商志传》，载古本小说集成编委会编：《古本小说集成》第1辑，上海古籍出版社2016年版，第138页。

图 1-14 舜帝传说故事图，清代壁画，山西沁水中村镇白桦村西沟关帝庙正殿北墙 [1]

图 1-15 象耕鸟耘，清代青玉摆件，武汉博物馆藏 [2]

---

[1] 李琼著：《行走沁水》，山西人民出版社 2015 年版，第 305 页。壁画内容依次为：纵火烧仓、扔石填井、尧王访贤、面南己恭、兄弟分家、无为而治。

[2] 武汉博物馆编：《武汉博物馆》，文物出版社 2012 年版，第 98 页。

历代帝舜图像内容丰富多彩，艺术形式多样，既代表了相关创作人员的艺术水平，又反映了帝舜民间信仰与各时期人们的生产生活息息相关。帝舜图像的主题不断衍化，其兴衰不仅表明不同历史时期的帝舜神话流变，还记录了中华民族关于创世神话的文化记忆。帝舜神话在中华大地广泛流传，在山东、山西、湖南、广西、浙江等地不断演绎，结合文献和地方文化，形成了多个颇具地方特色的帝舜文化圈。这些不同的帝舜文化圈，又催生了带有地方特色的图像主题，在传承过程中形成了帝舜图像的空间谱系。

当代各地帝舜文化和祭祀先祖的民俗复兴，使得众多的帝舜图像和景观得以恢复重建。如山西运城、山东济南、湖南永州、浙江绍兴等地的帝舜遗迹及当代帝景观，无一不在地方文化建构的进程中发挥了积极作用。帝舜图像在各地区、各民族中具有普遍的符号认同意义，系统梳理帝舜图像的空间谱系也势在必行。

（四）帝舜创世神话图像的文化内涵及其当代价值

帝舜是创建中华道德规范的祖先英雄，帝舜图像反映了天人合一、神人相谐以及祖先崇拜等中国神话观念。帝舜图像具有象征性、隐喻性的特点，体现了

图 1-16　虞舜盛世图·忠孝仁爱，浮雕，运城舜帝陵德孝广场

上古神话中的原始先民神话思维。大力挖掘帝舜图像的文化内涵，至少具有三重价值：

第一，帝舜图像研究有助于中华伦理道德体系的建立。帝舜天下为公、尊贤选能的廉政之道通过图像进行推广传播，可以充分展现其以民为本的廉洁品德、重德尚能的用人之道。帝舜图像宣扬孝顺父母、和谐立家（图1-16），其蕴含的和谐思想对当今构建和谐社会、弘扬和传播中华传统孝文化具有重要的借鉴意义。

第二，帝舜图像研究能加强社会德育氛围的营造。提高帝舜图像的识别度和认同度，将帝舜文化之精髓以图像的形式融入现代小学教育体系，能够加强青少年对中华优秀传统文化的热爱与理解。城市建设和乡村旅游中增加帝舜图像和景观，普及帝舜神话和民间传说，能够提高城市品位和民众文化素质，助力文化名城和特色小镇打造。我们应鼓励学术团体举办帝舜学术论坛和公益讲座，在市民和乡民中普及帝舜文化，促进帝舜图像的宣传和推广。

第三，帝舜图像研究能够完善中华创世神话人物图像谱系，推进中华文化的符号性认同和文艺创作的持续发展。挖掘帝舜图像的文化内涵，能使人们更好地认识中华文明的源头精神，加速中华民族塑魂、铸魂的文艺复兴工程，并为中华文明与域外文明之间开展平等对话奠定坚实基础。

总而言之，研究帝舜图像不仅能够还原中华民族文化性格的形成过程，增强民族认同感和国家认同感，还利于加速中华神话的稳定性传播，促进帝舜文化中的仁义大孝、勤政爱民、以德化人等思想获得国际性认同，提升中华文化软实力和影响力，促进实现中华优秀传统的文化复兴。可以说，传承帝舜图像不仅能够为中华文化固本培元，还能消弭与古希腊神话等西方文明之间的话语逆差，促使中华优秀文化能够走出去、传得开、影响深。

第二章　帝舜考古图像

一、概　述

考古出土的帝舜图像涵盖龙山文化时期至明清时期，包括遗址图像、文物图像和墓室图像等类型。诸城出土的龙山文化黑陶蛋壳杯，揭示了帝舜生存年代的陶冶发展状况，也是"舜陶河滨"神话的实证之一；历山、犁沟、舜桥、瑕邱、舜井、舜田门等多处遗址，展现了帝舜成长神话在各地的丰富叙事；九疑山玉琯岩的舜庙遗址和马王堆汉墓出土的地形图，说明了帝舜神话和祭祀活动在湘湖地区的悠久历史；九疑山和运城两地的舜陵碑，则体现了帝舜崩逝神话的多样性叙事，其中又蕴含了当地人民对这位远古圣王的无限怀念和尊崇。

帝舜墓室图像历史悠久，种类繁多，从东汉画像石，到北魏漆画屏风、漆棺画和石棺画，再到宋代墓室壁画、石棺画和砖雕，再一直延伸到元代和清代的砖雕艺术。各个时期的墓室图像包含舜成长、行孝、摄政、崩逝等经典神话情节，内容丰富，形式多样。这些帝舜考古图像大多依托帝舜叙事文学，并在文字物化为图像之后，利用适当的艺术载体对帝舜神话的文本内容进行扩充和加工。

总之，帝舜考古图像是帝舜图像谱系形成的重要来源，其画面构图、核心元素为明清版画插图和纸本绘画提供了图像摹本，也为帝舜图像不断演进和发展奠定了坚实的基础。

二、龙山文化黑陶蛋壳杯

图 2-1　黑陶蛋壳杯，诸城市博物馆藏

　　据考古发现，帝舜所处的年代正是龙山文化时代的鼎盛时期。从山东诸冯市发掘出土的黑陶蛋壳杯、黑陶豆、盆型鼎、双耳杯、陶尊、黑陶高柄杯等典型的龙山文化器物来看，当时诸冯的文化发展阶段与舜的生存年代相吻合。图为诸城市博物馆藏的两件黑陶蛋壳杯，透雕中空，制作精良，制陶技术和工艺已达到极高水平。

三、舜耕历山古遗址

图 2-2　舜耕历山古遗址景观，鄄城历山虞帝庙

历山古遗址在 1980 年文物普查中被发现，2006 年确定为山东省文物保护单位。考古勘探出的文物分属于山东龙山文化、商周文化和汉文化遗物。历山为鄄城县古代四座土山之一，相传此山非他山可比，每逢黄水泛滥，总是不被淹没，周围百姓因避水于历山之上，才得以保全。上图为当代重建历山古遗址景观，位于鄄城县历山虞帝庙山门内，上面刻有任继愈题字"舜耕历山古遗址"。

四、舜耕犁沟遗址

图 2-3　"舜耕犁沟"遗址，垣曲历山舜王坪

　　在山西省垣曲历山舜王坪中间，有两处寸草不生的壕沟，传说为舜所耕的犁沟。此地亦被称为中华农耕文化之发源地，反映了原始部落社会和农耕文明的情况。舜王坪四季开满五颜六色、斑斓绚丽的花朵，结合着"舜耕犁沟"等人文景观和美好传说，可谓珠联璧合、相得益彰。

五、舜帝古桥、跃牛沟

图 2-4　舜帝古桥、跃牛沟，平邑舜帝庙村

　　山东平邑舜帝庙村有一条小河横贯东西，把村子分成沟南和沟北，当地人把这条小河叫做"跃牛沟"。传说当年舜在历山耕田的时候，神牛突然发跃，拖着犁一路狂奔，就耕出这么一条沟来。跃牛沟上的古桥被称为"舜帝古桥"，又名"孝思桥""舜王桥"。

六、舜　井

图 2-5　舜井，垣曲县历山镇神后村

　　位于山西省垣曲县历山镇北 1.5 公里之处的神后村，舜迁居此地时称古卫地。村内有一古井，名舜王泉，据说是舜带领众人所挖。当地人传说喝此泉水一生不得绝症，有"喝了舜王泉，长寿过百年"之说。①

---

　　① 吕步震著：《舜乡情》，中央文献出版社 2005 年版，第243—244 页。

图 2-6　舜井，鄄城历山虞帝庙

　　此舜井位于山东鄄城历山虞帝庙舜王殿旁，为青砖所砌，井上盖一井亭。相传舜在浚井时遭受迫害并成功逃出，成为舜神话传说中的经典情节。舜井前有"龙泉舜井"石碑，2010 年由历山古遗址筹委会所立。

图 2-7 舜井,济南历下区舜井街

此为山东济南舜井遗址,井口放置一条铁链。据传大禹治水在井内锁住了一条黑龙,以防其吐水作乱。禹还假意许诺一旦铁树开花,才会将其放出,意在永远将其锁在井内。井边石面上刻着大象凌波的浮雕,护栏上刻有曾巩《舜泉诗》:"山麓旧耕迷故垄,井干余汲见飞泉。清涵广陌能成雨,冷侵平湖别有天。南狩一时成往事,重华千古似当年。更应此水无休歇,余泽人间世世传。"

七、舜田门遗址

图 2-8　舜田门遗址，济南南门护城河 [1]

　　舜田门遗址在山东济南南门桥西侧护城河南岸，在一蒙山石上镌刻"舜田门遗址"五字，以标识其地。山石另一面则刻有清代《山东通志·古迹志》关于旧址的记载。其云："舜田，在县南历山下。相传舜耕于历山，即此。""今南门，名舜田门。"另刻明代《历乘》："历山，城南五里，舜所耕处。"南门桥跨河两侧桥柱上题有对联："舜耕历山日，尧嫁娥英时。"

---

　　[1]　供图人：孙宝。

八、百官桥

图 2-9　百官桥，诸城舜庙

　　百官桥，亦名舜桥，位于山东诸城舜庙前。浙江上虞也有百官桥和相关传说。《太平寰宇记》载："舜桥，舜避丹朱于此，百官候之，故亦名百官桥。"百官桥是传说中的最早的古桥，号称天下第一桥。今桥边护栏刻有浮雕舜帝故事画，内容为"舜生诸冯""继娶壬女""后母施虐""耕于历山""渔于雷泽""陶于河滨""尧帝亲访""娥英授智""敤首密信""尧舜禅让"等经典情节。

九、九疑山玉琯岩舜帝陵庙遗址

图 2-10　宁远九疑山玉琯岩古舜帝陵庙遗址 ①

　　玉琯岩古舜帝陵庙遗址位于湖南省宁远县城东南约 34 公里处，背依舜源峰，面向五臣峰，地属九疑山乡九疑洞村。2000 年，文物考古工作者在玉琯岩西南至汉唐坪一带发现有文化遗存，经 2002 年至 2004 年的三次考古发掘，确定为秦汉至宋元时期的舜帝陵庙遗址，与马王堆出土地形图所标记的舜帝陵庙遗址完全吻合。古舜帝陵庙遗址是目前发现的始建年代最早的五帝陵庙，其发现是具有全国意义的重要考古成果。

---

① 湖南省地方志编纂委员会编：《舜帝陵志》（下），方志出版社 2018 年版，第 447 页。

十、马王堆汉墓出土《长沙国南部地形图》

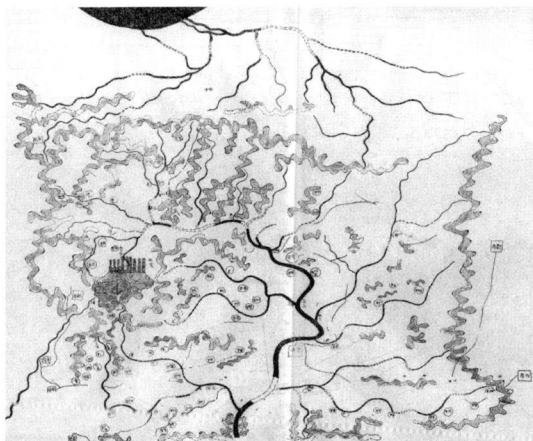

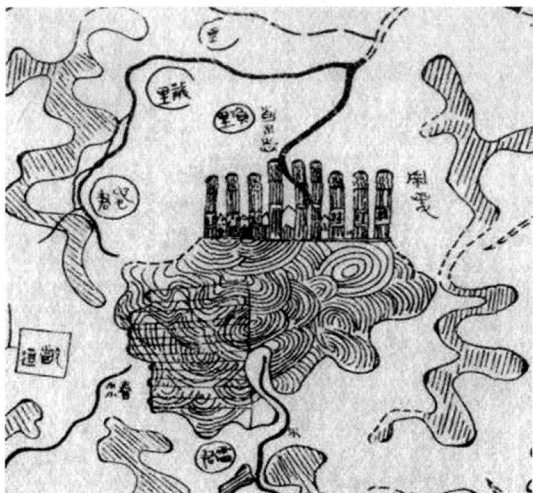

1973 年，湖南长沙马王堆三号汉墓出土三幅绘在帛书上的地图，分别为地形图、驻军图和城邑图。此为经过考古专家复原后的地形图，画有山、水、村庄、道路等，为舜葬九疑提供了考古学的有力支持。图中显著标明九疑山南部有九条柱状物，柱后有建筑物，旁边注明"帝舜"二字。《水经·湘水注》载，九疑山"南山有舜庙，前有石碑，文字缺落，不可复识"。谭其骧认为，建筑物即为舜庙，柱状物当为舜庙前的九块石碑。按现代科学方法测定，此《地形图》对舜帝陵位置、方向的标志与秦汉舜庙遗址一致。

图 2-11 《长沙国南部地形图》复原图（上）及局部（下），马王堆三号汉墓出土 ①

---

① 张修桂：《马王堆汉墓出土地形图拼接复原中的若干问题》，《自然科学史研究》1984 年第 3 期。

十一、帝舜有虞氏之陵碑

图 2-12　舜陵碑，宁远九疑山舜帝陵寝殿 ①

　　此陵碑立于湖南宁远九疑山舜帝陵寝殿内，高 2 米，宽 1.5 米，碑题"帝舜有虞氏之陵"，隶书阳刻，四周刻有龙形图案。据《水经·湘水注》载，陵碑为汉代零陵郡守徐俭所立。

──────────

① 湖南省舜文化研究会、湖南省舜文化研究基地、九疑山舜文化研究会编，陈仲庚等整理：《虞舜大典·图像卷》，岳麓书社 2018 年版，第 24 页。

十二、东汉嘉祥武梁祠画像石

图 2-13　历代帝王图，东汉画像石，武梁祠西壁

　　此组画像石位于山东嘉祥武梁祠西壁上层，将十一位上古帝王描绘于十个空间单元中。帝舜处于右起第八格，是五帝的最末一位。与之前的黄帝、颛顼、帝喾、帝尧一样，帝舜穿戴着相同的王冠和服饰，正右侧身作行进状。

十三、东汉莒县东莞画像石

图 2-14　尧舜侍郎大夫图，东汉画像石拓片，山东莒县东莞汉墓 ①

　　此幅画面位于山东莒县东莞汉画像 1 号石正面第四层，共刻四人，皆有榜题。最左一人面朝右，坐于树下，榜题"尧"；第二人面朝左，作跪谒状，榜题"舜"；第三人榜题"侍郎"；第四人榜题"大夫"，二人均拱手站立，跟随舜拜谒尧。尧舜图像一般表现尧嫁二女、尧王访舜、尧舜禅让等主题，此种舜带领大臣拜谒尧的内容目前仅见此图，且榜题明确而清晰，殊为少见。

---

① 刘云涛：《山东莒县东莞出土汉画像石》，《文物》2005 年第 3 期。

十四、东汉内蒙古和林格尔墓壁画

图 2-15 孝子传图局部摹本，东汉晚期壁画，内蒙古和林格尔汉墓，内蒙古博物院藏 [1]

此壁画位于内蒙古和林格尔汉墓中室西壁中层 1 段，目前搜集到的东汉壁画中的帝舜图像仅此一幅。图右有一青年，头部已残，身着黑边红袍，侧身恭立，双足则正面，前有一榜题"舜"。图左站立一头戴高冠中年男子，唇上有髭，形体稍胖，头后部已残，也着黑边红袍。人物的头后部应该有榜题，可惜已漫漶残缺。一般认为，此人为瞽叟，寓意舜在聆听瞽叟教诲。

---

[1] 陈永志、黑田彰、傅宁主编，中国内蒙古自治区文物考古研究所、日本幼学会、中国内蒙古博物院编：《和林格尔汉墓壁画孝子传图摹写图辑录》，文物出版社 2015 年版，图版第 4 页。

十五、北魏司马金龙墓漆画屏风

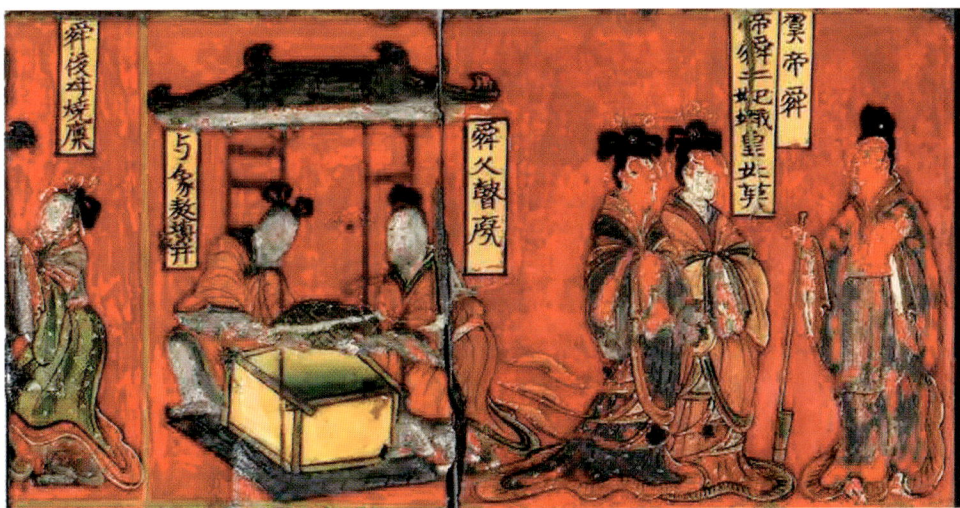

图 2-16　有虞二妃，北魏漆画屏风，山西大同司马金龙墓 ①

　　此为山西大同司马金龙墓出土的《列女传》漆画屏风第一层《有虞二妃》。人物均有榜题，但无题记。图右部为帝王装扮的舜与常袍宽袖的二妃相对而立，颇有顾恺之的绘画风格，榜题分别是"虞帝舜""帝舜二妃娥皇女英"。后面两幅画面表现了文献中填井、烧廪的故事。

---

① 山西省文物局编：《山西珍贵文物档案》(5)，科学出版社 2018 年版，第 29 页。

十六、北魏宁夏固原漆棺画

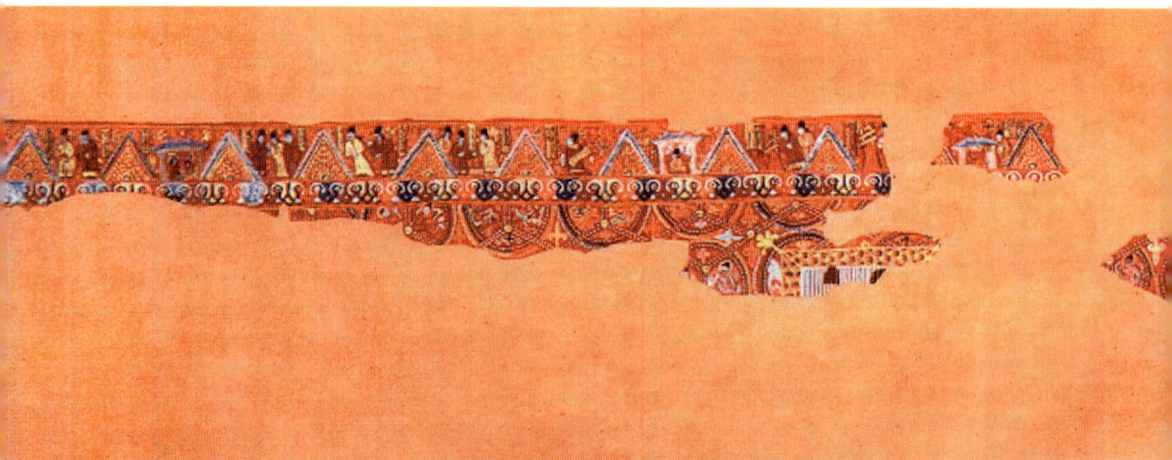

图 2-17　舜孝子故事图，北魏漆棺画摹本，宁夏固原县东郊雷祖庙村北魏墓 [1]

　　此漆棺画绘于北魏太和年间，右侧残存有舜和郭巨的故事。舜孝子故事图为横卷式构图，画幅以黄色三角状火焰纹图案相间，每幅故事都有榜题，构成了孝子连环画。故事情节的发展及主要人物行动方向均是自棺前向后，右侧画面自右向左发展，左侧正相反，画幅高约 8 厘米。

---

　　① 宁夏固原博物馆编：《固原北魏墓漆棺画》，宁夏人民出版社 1988 年版，第 44 页。

图 2-18　舜后母将火烧屋欲煞舜时，北魏漆棺画摹本，宁夏固原县东郊雷祖庙村北魏墓 [1]

　　舜孝子故事图现存八幅。此为第一幅，图中的舜全身裸体，两臂张似飞鸟，由房顶跳下，房子周围画有火焰，旁立一中年妇女为舜之后母，榜题"舜后母将火烧屋欲煞舜时"。此画中的舜为裸体形象，意在表现其尚未成年，在其他图像中从未出现过，十分罕见。

---

　　[1]　宁夏固原博物馆编：《固原北魏墓漆棺画》，宁夏人民出版社 1988 年版，第 48 页。

图 2-19 舜来卖菩、應直米一斗倍德二十，北魏漆棺画摹本，宁夏固原县东郊雷祖庙村北魏墓 [1]

第六幅图为三人相向而立，舜袖手侧，已为着夹领窄袖长袍的成年男子形象，另两人为年轻女子，当为尧之二女娥皇、女英。前立者一手持一长颈壶，另一手则拎一黑色布袋。榜题中有几处讹字，应为"舜来卖菩（蒿）"，"應（应）直（值）米一斗倍德（得）二十"。"菩"可能是指植物"蒿"。此组漆棺画中的人物多着夹领及窄袖长袍，脚蹬乌靴，男作高冠，女作高髻，是典型的鲜卑人形象。

---

① 宁夏固原博物馆编：《固原北魏墓漆棺画》，宁夏人民出版社 1988 年版，第 49 页。

十七、北魏元谧墓石棺画

**图 2-20　母欲煞舜舜即得活，北魏正光五年（524），元谧墓石棺右侧板局部线描，
美国明尼阿波利斯美术馆藏 ①**

元谧墓石棺右侧板下第二幅为舜的故事。画面中舜为少年样貌，身着紧身衣服，头梳双角髻，踞跪于画面左边一方席上，双手上举合掌于前，作祈祷状。图中主要人物一般认为是舜后母，其踞坐于与舜相对的方毯上，头梳双髻，身着褒衣，眉角下弯，面色沉郁，暗藏杀机。画面中的两个人物在灌木、芭蕉等植物的环绕之下，舜的体量小于后者，意在体现其尚未成年，处于儿童时期。根据中国传统绘画的习惯，画面主要人物的形体要大于次要人物，居于画面视觉中心，可知此图主要人物是舜后母。舜后母上方有一榜题："母欲煞舜舜即得活"，突出后母打算迫害舜而舜恭敬顺从的情节。

---

① 罗丰：《从帝王到孝子——汉唐间图像中舜故事之流变》，载《徐苹芳先生纪念文集》编辑委员会编：《徐苹芳先生纪念文集》（下），上海古籍出版社 2012 年版，第 660 页。

十八、北魏宁懋石室石棺画

**图 2-21　舜从东家井中出去时，北魏孝昌三年（527），宁懋石室石板右侧石刻画，
美国波士顿美术馆藏** [1]

　　宁懋石室左右石板外侧，分为上下两段，刻有四幅孝子故事图，其中右侧上栏刻"丁兰事母"，下栏刻"舜故事"。舜故事图像的两侧刻出面阔三间的厢房，左右对应，各幅场景之间刻画树木以作间隔。左右厢房间刻有木构建筑的方形水井两眼，瞽叟和象站立在左侧井口旁，正抬土填井，而舜已从右侧方井钻出，并从井口探出上半身。井的左边站着女英，右厢房当中间踞坐着娥皇。厢房侧间壁上刻有榜题"舜从东家井中出去时"。

---

　　① 张道一:《孝道图·二十四孝图等考析》，山东教育出版社 2015 年版，第 69 页。

十九、北魏孝子石棺画

图 2-22　子舜，北魏孝子石棺左侧板，美国密苏里州纳尔逊—艾金斯艺术博物馆藏 [1]

　　此北魏孝子石棺画用树木分隔，分别展现了舜后母与弟象用石土埋井、舜从东家井里逃出、舜与娥皇女英三个场景，画面中央有榜题"子舜"字样。其中舜与娥皇女英的场景中，舜着帝王服饰，身后还有仪仗和侍从。舜的帝王形象在北魏孝子图中并不多见。

---

[1]　黄明兰编：《北魏孝子棺线刻画》，人民美术出版社 1985 年版，第 3 页。

二十、北宋河南荥阳司村墓壁画

图 2-23 行孝图，北宋晚期壁画摹本，河南荥阳司村宋代壁画墓西北壁 [1]

  此行孝图出土于河南荥阳司村宋代壁画墓西北壁，共有三组行孝场景，榜题从左至右分别为"董永行孝""舜子行孝""鲍山行孝"。舜子头戴高冠，身着团领宽袖袍，左臂下垂，右手持杆行走。身前一黑猪，身后一白象，空中三鸟飞播种子。这种一字排开的构图方式较为特别，只在宋金墓室壁画孝子图中出现过。

---

[1] 郑州市文物考古研究所编：《郑州宋金壁画墓》，科学出版社 2005 年版，第 21 页。

二十一、北宋河南荥阳孤伯嘴墓壁画

图 2-24 行孝图，北宋晚期壁画摹本，河南荥阳孤伯嘴宋代壁画墓 ①

　　河南荥阳孤伯嘴宋代壁画墓中，二十四孝图均匀地分布在六壁上方。此行孝图位于西南壁，共有四幅行孝图，榜题从左至右分别为"杨昌行孝之处""老莱子行孝""舜子行孝""刘明达行孝"。舜子头戴折脚幞头，身着蓝色团领宽袖袍，左臂下垂，右手持杆行走。身前一黑猪，身后一白象，上方三鸟正在飞播种子。此图中的舜形象和构图方式与前图基本一致，左右孝子故事内容不同，画工可能使用了类似粉本。

---

① 郑州市文物考古研究所编：《郑州宋金壁画墓》，科学出版社 2005 年版，第 26 页。

二十二、北宋河南辉县石棺画

图 2-25　舜子，北宋石棺画，辉县石棺 [1]

　　此石棺于河南辉县出土，棺长 210 厘米。石棺的两侧线刻孝子列女图，共二十四幅。画幅连在一起，无明显分隔，均有题榜。图中的舜正在扬鞭，核心元素仍是常见的象耕、鸟耘，不同的是大象在画面中所占面积较大，舜站到了象的后面，只露出头部和上身。此图与同类石棺画有一些差别，说明此时象耕鸟耘的程式和元素还在不断变化。

---

　　[1]　张道一：《孝道图·二十四孝图等考析》，山东教育出版社 2015 年版，第 73 页。

二十三、北宋河南孟津张君石棺画

图 2-26　舜子，北宋崇宁五年（1106），石棺画，张君石棺 [1]

　　张君石棺于 1985 年在河南孟津张盘村出土，棺长 220 厘米。石棺左侧板前半部刻幡仗，端果品、端寿山、捧宝瓶的仙女，后半部和后档刻《二十四孝》图。此为舜子图，描绘的是舜"象耕鸟耘"的场景。舜身着团领窄袖短衣和短裤，左臂下垂，右手扬鞭。身前一猪，身右一象，空中有飞鸟在播种。

---

[1]　张道一：《孝道图·二十四孝图等考析》，山东教育出版社 2015 年版，第 81 页。

二十四、宋（金）甘肃清水白沙乡箭峡墓砖雕

图 2-27　舜帝行孝，宋（金）彩绘砖雕，甘肃清水白沙乡箭峡墓①

　　甘肃清水白沙乡箭峡墓大致属于宋（金）时期，其东、西、北三壁皆有纵向四排彩绘砖雕，每砖凹壶门形内各雕刻一个人物故事，共计 140 块。此两块砖雕位于西壁第二层，左块画面有墨迹"舜帝行孝"。左幅画面中，舜帝着灰色短衫和长裤，袒露右肩，左手扶犁，右手高扬木棍，正驱赶一对大象耕地。右幅画面中有舜和后母两人。后母着窄袖红衫和灰色长裙，持杖欲打左方掩面哭泣的舜。舜帝行孝砖雕左右分别为杨香扼虎救父、刘平舍子救侄等内容。如舜帝行孝一样，砖雕中部分二十孝故事分以两块画面展现，且每块砖雕均施以彩绘，在同类题材的表现形式中特色鲜明，具有较大的研究价值。

---

　　① 南宝生编：《绚丽的地下艺术宝库·清水宋金砖雕彩绘墓》，甘肃人民出版社 2005 年版，第101 页。

二十五、金代山西长子砖室墓壁画

图 2-28　舜子耕田，金代（1174），壁画，山西长子县小关村砖室墓 [①]

　　金代山西长子县小关村砖室墓出土的壁画中，"舜子耕田"表现舜持鞭驱策二象耘田，空中有两只大鸟播散种子。该图居于孝行图的第十一位，前后分别是"武妻割股"和"韩伯瑜泣杖"。孝行图画面以勾线为主，略敷淡彩，分格并列描出，均有榜题。所画孝子事迹，都是当时流行的二十四孝图所常见的，共十六幅。

　　[①]　张道一：《孝道图·二十四孝图等考析》，山东教育出版社 2015 年版，第 103 页。

二十六、金代山西稷山马村墓陶塑

图 2-29　舜耕历山，金代二十四孝故事陶塑，山西博物馆藏

　　此陶塑出土于山西稷山马村 4 号墓，置于墓室四壁回廊下，共 24 组，塑造有 57 人。自东边南端按逆时针方向起，第一组就是舜耕历山的场景。一男子头戴无脚幞头，着长衫，腰束带，侧身站立；其前面有大象、野猪各一头。全套作品造型生动，人物传神，情景交融，是迄今发现的二十四孝题材中唯一一套陶塑作品。

二十七、元代山西芮城潘德冲石椁

图 2-30　舜子行孝，元代石刻，山西芮城潘德冲石椁左侧 [①]

　　潘德冲墓于 1960 年在山西省芮城县永乐镇永乐宫西北峨嵋岭上出土，椁长 216 厘米、宽 189 厘米、高 69 厘米。左右两椁壁均用阴线刻出花纹，画面分为二十四格，每格内阴线刻行孝图一幅，均有榜题。左侧有：董永、闵子骞、孟宗、舜子、陆稷、韩伯榆、王武子、王祥、刘明达、丁兰、任子、姜师。右侧有：老莱、曾参、田真、元角、括推（郭巨）、赵孝宗、刘鹰、鲁义姑、杨香、鲍山、曹娥、蔡顺等。

---

　　① 李奉山：《山西芮城永乐宫旧址宋德方、潘德冲和"吕祖"墓发掘简报》，《考古》1960 年第 8 期。

二十八、元代甘肃定西墓砖雕

图 2-31　舜子耕田，元代砖雕，甘肃定西砖雕墓出土 ①

此砖雕出土于甘肃定西市安定区，长 29.5 厘米，宽 21 厘米，高 3.3 厘米。画题"舜子耕田"位于画面上方，是构图的一部分。下部图像与宋金时期的构图方向相反，舜居于画面左方，两头大象居右。人物造型和画面背景简单而古朴，代表了这一地区元代砖雕墓的艺术风格。

---

① 定西市安定区博物馆编，杨春主编：《定西市安定区博物馆馆藏文物精粹》，敦煌文艺出版社 2019 年版，第 60 页。

二十九、明代蒲州古城鼓楼

图 2-32　蒲州古城鼓楼遗址，明嘉靖年间

　　传说中舜都于蒲坂，即今山西永济蒲州古城。蒲州古城遗址位于山西省运城市永济西南约 17 公里处黄河东岸，始建于北魏时期，唐代曾两次被建制为中都。古城中心位置现存有一方正的鼓楼，为明嘉靖元年（1522）所修，清光绪元年（1875）重修。原四个门洞上都有匾额、对联，今对联已剥落，匾额只剩下西、南两个。东面楼题对联：条岭云开丽舜日，涑水泽远千儒风。题额文：曦光普照。西面楼题对联：叠嶂充光连华岳，长河天险空秦关。题额文：应庚思过。南面楼题对联：对酒对歌好寿句，临风相见理玄诗。题额文：迎薰解愠。北面楼题对联：翘瞻北斗层霄处，近接龙门一曲中。题额文：仰望霄汉。此图为鼓楼西面楼，其上额文"应庚思过"清晰可见。

三十、明代垣曲同善北门城楼

图 2-33　北城门楼，明万历四年，垣曲县历山镇同善村

　　山西垣曲历山脚下的历山镇，原名同善镇，古称负夏。据传，舜幼时为避洪水，随父母迁往负夏，少年时在此做些小生意。同善镇以前名瞽钟，又是舜父瞽叟的坟墓所在。上图为同善村北城门楼，始建于明万历四年（1576），坐南朝北，东西长 28.8 米，南北宽 10.5 米。门楼原建在高 4.1 米的砖石台基上，台基中辟拱门供通行。2014 年由当地政府和文物部门出资重修，今城楼上悬挂"负夏帝墟""惟宗同善"等匾额。

图 2-34 帝舜故里，明万历四年，垣曲县历山镇同善村北城门楼

同善北门城楼北石匾额刻"帝舜故里"，南石匾额刻"永庆门"和"万历四年建立"等字样。南城门重修于清咸丰三至四年（1853—1854），门楼已毁，横额石刻"古负夏""朝阳门"保存于县博物馆。今存的同善北门城楼和"帝舜故里"石刻是当地流传帝舜传说的有力证据。

三十一、明代有虞帝舜陵碑

图 2-35　有虞帝舜陵碑拓片，明代，盐湖区博物馆

　　此为山西运城舜帝陵墓题名碑，现嵌于运城舜帝陵陵冢正中。正中刻"有虞帝舜陵"五个大字，落款"明万历辛亥孟春东郡邢其任书"。邢其任为山东临清进士，明万历年间任知县事。书载其为官清廉，曾单骑巡行粥厂，后被提升为户部主事。此碑下方还嵌有一碑，楷书"帝舜陵"，碑额刻日、月和祥云，据考为元代所刻。①

----

　　① 运城市盐湖区虞舜文化研究会编：《舜乡圣迹》，山西古籍出版社 2004 年版，第 77 页。

三十二、明代重修历山舜祠记碑

图 2-36　重修历山舜祠记碑，明天启六年，鄄城历山虞帝庙

　　山东鄄城历山虞帝庙内现存明天启六年（1626）《重修历山舜祠记》碑，碑座与传统赑屃不同，碑身已经断裂。碑文曰："曹之艮方五十里所有历山，实舜侧微时耕稼处也，上有舜祠，二妃兴焉。不知起时，宋大中已属重修。"此碑写明此历山即舜耕嫁之处，且宋代时已建有舜祠。

三十三、清代瑕邱古迹碑

图 2-37　瑕邱古迹碑，清嘉庆九年（1804），河南濮阳县瑕邱古迹 [1]

　　距河南濮阳县城南十八里的"瑕邱古迹"，有专家认为即为舜"就时于负夏"之地。清嘉靖《开州志》载："瑕邱在州南十八里，高五丈，纵横十五丈，西附小丘，高三丈。"瑕邱古迹内有"瑕邱古迹""瑕邱记"两碑，为清嘉庆九年知州李符清所立，现在均加盖碑亭保护。

---

　　[1]　湖南省舜文化研究会、湖南省舜文化研究基地、九疑山舜文化研究会编，陈仲庚等整理：《虞舜大典·图像卷》，岳麓书社 2018 年版，第 307 页。

三十四、清代陕西砖雕

图 2-38　虞舜放象，清代砖雕，陕西三原县孟店村周家大院 [1]

陕西三原县孟店村周家大院，始建于清乾隆末年至嘉庆初年，其精美的砖雕、木雕和石雕为民间古建筑构件中的工艺精品。此砖雕雕刻象帮助舜耕田的故事。舜背靠大树边休息，前方两头大象均扭头回望，但方向相反。与此砖雕同一民居发现的还有一幅"大禹牧牛"，它与象助舜耕的画面构图如出一辙：大禹居左，两头牛在右方，亦回头望向大禹，有可能是雕刻者并不熟悉上古神话，只是仿照"虞舜放象"而作。

---

[1]　王山水、张月贤、苏爱萍：《陕西传统民居雕刻文化研究·砖雕集》，三秦出版社 2016 年版，第 32 页。

图 2-39　孝感动天，清代砖雕，西安关中民俗艺术博物院藏 ①

　　二十四孝系列砖雕现藏于西安关中民俗艺术博物院，除虞舜孝感动天外，还有黄庭坚涤亲溺器、丁兰刻木事亲、江革行佣供母等传统孝子故事。此砖雕左上角刻有题名"孝感动天"，画面构图仿照清代二十四孝版画插图的人物布局，以帝尧和舜居于画面中心，身后则站立武士和大象，以展现尧王访舜的经典情节。

---

　　①　王山水、张月贤、苏爱萍：《陕西传统民居雕刻文化研究·砖雕集》，三秦出版社 2016 年版，第110页。

第三章　帝舜版画插图

一、概　述

　　帝舜历代插图是指在宋代以来的帝王像赞、演义小说、劝善书籍、启蒙读物中的文本配图，通过木刻版画的载体形式大量刊印，流传甚广，是帝舜图像中遗存数量最多、内容最丰富的图像类型。这些插图既是对帝舜创世神话作图像说明，又能加强书籍的感染力和版式的活泼性。

　　历代帝王圣贤像赞中的帝舜形象多为帝王半身像。如宋代的版画中开始出现的神话人物正侧面半身像，帝舜作为五帝的重要一员，被描绘成为头戴冠冕、身着衮服、上须下髯的中年帝王形象。明代以后的帝王圣人画也不断重复这种形象，并形成固定模式。如明代弘治刊本《历代古人像赞》《新刻历代圣贤像赞》、万历刊本《三才图会》，以及流传于日本的《历代君臣图像》中的帝舜形象，均是如此。

　　明代中后期是雕版印刷最为兴旺发达的时期，并在万历年间达到高峰。此时，木刻版画插图广为流行，表明普通民众对这类通俗插图书籍有更多的兴趣。帝舜图像作为插图，一般以连续叙事的形式展现帝舜出生、成长、治国等各个时期的不同形象，并频繁出现于《列女传》《二十孝图》等劝善类书籍和《日记故事》《千家诗》《百备全书》等启蒙读物中，成为此类图书的重要组成部分。同时，民间改编的历史演义小说广为流行。如余象斗《列国前编十二朝》、钟惺《盘古至唐虞传》、周游《开辟演义》等通俗类小说，杂糅神话传说与历史史实。为使图书更通俗易懂，促进传播，其通常绘制大量插图，讲述自开天辟地、三皇五帝至夏商之间的远古圣王故事。帝舜图像是其中必不可少的内容，构图则多采取上图下文的对照方式，图文并茂，满足读者的猎奇心理。

帝舜传说故事不仅在民国时期仍然流行，还成为通俗画报中的重要题材。画报中的帝舜图像，生动形象地宣传、介绍民间版本的帝舜神话传说，以浅显通俗、寓教于乐为特征。儿童读物《中华童子界》《儿童月刊》《儿童杂志》等将舜描绘为五千年前的少年天子，并侧重刻画其作为孝子的各种经典情节。插图绘制采取连环画手法，展现了民国时期儿童读物的图像叙事风格。其他报刊则偏重介绍其舜的帝王伟业及其与二妃的凄美爱情，从而塑造其作远古圣王的立体形象。

二、《历代帝王名臣像》插图

图 3-1　舜，宋代版画，《历代帝王名臣像》插图 ①

　　《历代帝王名臣像》收录历代帝王名臣画像九十一幅，大致分为传说人物、历代帝王、名臣大家等三种类型。收录人物的时间上限为上古圣王时代，下限则为宋代，故此书可能由宋人编纂。该书每页一人，左图右文。人物插图造型传神，说明文字言简意赅、品评得当，但图像中尚未出现明清像赞中的题名和赞词。帝舜头戴冕旒冠，冕板中间横着天河带，冠顶有两颗黑珠，这些服饰特征在唐代画像中已经出现。帝舜身着有山水图案的朝服，并佩戴宋代的白罗方心曲领。曲领在汉代已有，方心曲领在《新唐书·舆服志》中首次出现，后来成为宋明两代朝服体系中重要的装饰之一。其形制上圆下方，暗合"天圆地方"的宇宙观。此图是目前所见较早的帝王半身像，其人物造型和衣冠服饰影响了明清帝王像赞中的图像风格。

---

　　①　郭磬编：《中国历代人物像传续编》（一），齐鲁书社 2014 年版，第 427 页。

三、《历代古人像赞》插图

图 3-2　帝舜，明代版画，《历代古人像赞》插图 [1]

　　此《历代古人像赞》乃明弘治十一年（1498）刊本，由明朝宗室朱天然撰写赞辞，绘者不明。书中收录自伏羲氏至黄庭坚共八十八幅人物画像，并附图赞与人物小传。每图右上角题人物姓名，左上角题赞辞。帝舜赞辞为："禅授光明，心学切要。九官公忠，万世大孝。"所谓"心学切要"，是指《尚书·大禹谟》"人心惟危，道心惟微。惟精惟一，允执厥中"，亦即儒家盛称的尧、舜传心之言。其颂扬了尧舜禅让的圣王品格，也概括了帝舜的"大孝"特征，以及任用百官、垂拱而治天下的功绩。图中帝舜手持玉圭，流露出帝王的镇定沉稳之气势。该图描绘出了手部细节，是这类肖像中唯一出现手部描绘的，其他帝舜图像一般不出现手部，或是按照将手藏于袖中的方式来处理。

---

　　① 郑振铎编：《历代古人像赞》(上)，上海古典文学出版社 1958 年版，第 15 页。

四、《新刻历代圣贤像赞》插图

图 3-3　帝舜像，明代版画，《新刻历代圣贤像赞》插图 ①

　　此帝舜像出自明胡文焕文会堂刻《新刻历代圣贤像赞》，万历二十一年（1593）刊本。《新刻历代圣贤像赞》分为上下两卷，收录历代圣贤人物一百九十四人。人物均为半身像，左文右图，图像右上角题名。赞文四字一句，共八句。帝舜形象沿袭宋《历代帝王名臣像》和明《历代古人像赞》，但刻绘笔法形同铁画银钩，走笔疏放泼辣。赞辞为："大孝格天，玄德配帝。精一执中，圣学攸始。焕乎文章，巍乎成功。千万世下，仰瞻无穷。"

---

① 　郭磬编：《中国历代人物像传续编》（一），齐鲁书社 2014 年版，第 31 页。

五、《历代君臣图像》插图

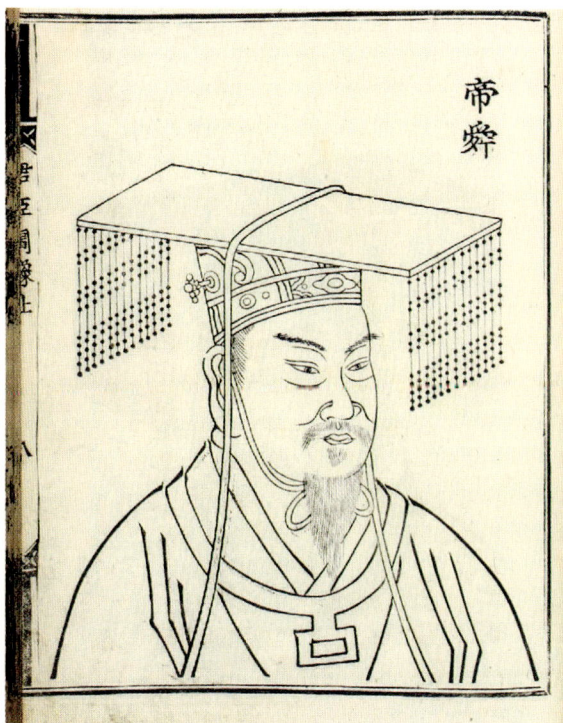

图 3-4　帝舜，明代版画，《历代君臣图像》插图 ①

　　《历代君臣图像》撰于朝鲜中宗二十年（1525），书中图像采自明成化二十三年（1487）续刊《圣贤图》。《圣贤图》收录明高宗哲所辑录的图像，于正统三年（1438）刊行。此《历代君臣图像》即是高宗哲所辑图像的和刻本，于日本庆安四年（1651）由安井宗左卫问尉刊行。帝舜人物造型属于典型明代帝王半身像风格，佩戴方心曲领。这种唐宋兴起的礼服形制，一直沿用到明末，并经由《历代君臣图像》这样的画像集传至日本和韩国等地。

---

① （明）高宗哲集：《历代君臣图像》，日本安井宗左卫问尉庆安四年（1651）版。

六、《全相二十四孝诗选》插图

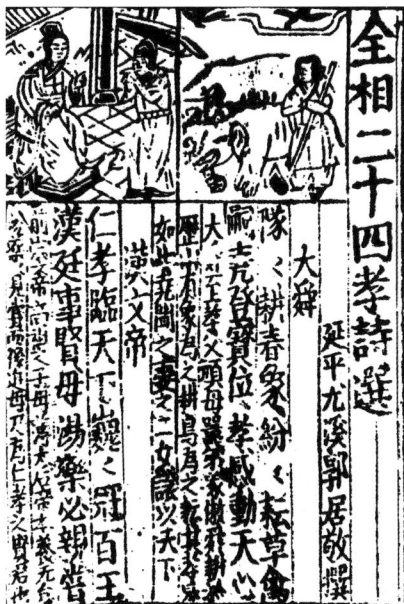

图 3-5 大舜，明初版画，《全相二十四孝诗选》首页 [1]

《全相二十四孝诗选》系明代的通俗启蒙读物。此为书之首页，上图下诗，内容为"大舜"与"汉文帝"。插图仅占页面的三分之一，绘图水平较为粗陋，文字排版也不够工整，但图画与诗文相互配合，朗朗上口，易于宣传。

元代郭居敬编撰的《全相二十四孝诗选》，对二十四孝故事人物进行筛选、排序，再配上诗歌。诗体为四句五言诗，平直亲切，长短适中，便于记忆。诗曰："队队耕春象，纷纷耘草禽。嗣尧登宝位，孝感动天心。"文曰："大舜至孝，父顽母嚚弟象傲。舜耕于历山，有象为之耕，鸟为之耘，其孝感如此。尧闻之，妻之二女，让以天下。"此二十四孝诗文在当时广泛流传，后来的帝舜插图和绘画中也常出现。

---

① 中国版画全集编辑委员会编：《中国美术分类全集·中国版画全集·第 4 卷·明代版画》，紫禁城出版社 2011 年版，第 1 页。

七、《锲便蒙二十四孝日记故事》插图

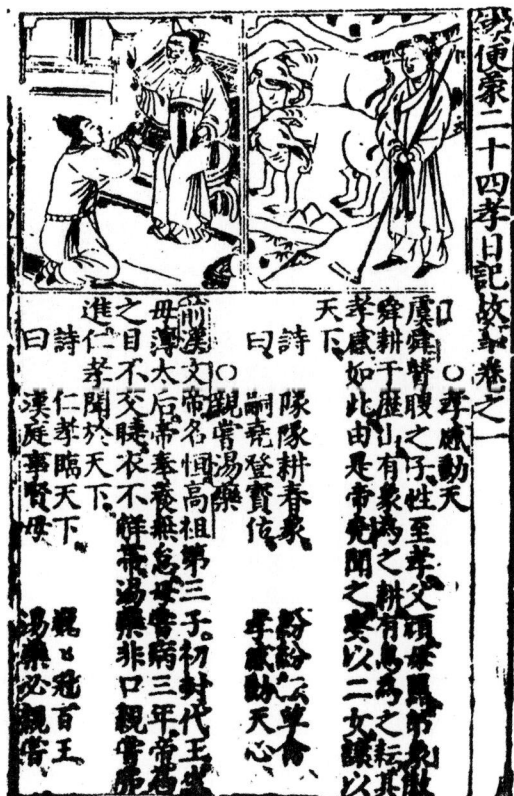

图 3-6　孝感动天，明代版画，《锲便蒙二十四孝日记故事》插图 [1]

此《日记故事》主题为"孝感动天"，图像只占书页三分之一，分别表现虞舜和汉武帝两个孝子的故事。虽图像较小，冲击力不足，但绘图水平尚可。此图与明初《全相二十四孝诗选》的版式相同，图像主题一致，诗文内容大体相同，略有差异。如前者构图为先诗后文，诗为大字，文为小字，意味着文为诗的注解。此处则先文后诗，诗文字体相同，意味着诗文互证，不分彼此。画面与文字排列工整，刻工刻印质量精良，代表了万历版画插图的较高水平。

---

① 周芜、周路、周亮编：《建安古版画》，福建美术出版社 1999 年版，第 67 页。

八、《新刊大字分类校正日记大全》插图

图 3-7　惟顺解忧，明代版画，《新刊大字分类校正日记大全》插图 ①

　　《新刊大字分类校正日记大全》刊行于明嘉靖二十一年（1542）间，其上承元代小学启蒙读物《日记故事》，选取历代数以百计的人物及其事迹进行伦理教育。其中帝舜插图的版式较为特别：上方通栏标题，左右镌以联语。标题为"惟顺解忧"，取自《孟子·万章》中的"惟顺于父母，可以解忧"。联语由一七言诗拆分为两联，上联为："孝诚感动得亲心，底豫应知德化深。"下联为："不独当时称大孝，流传简册到如今。"图像共有四人，居中二人，左右各一。居中二人均坐于厅堂楹柱之前的座椅之上，方冠长髯、袍服加身者为舜之父瞽叟，凤冠礼服者则为舜之后母。左侧之人褒衣博带，弯腰作揖，当为舜拜谒父母之状；右侧仅露出半身、侧脸，身形矮小，应为舜弟象。上述人物线条古朴，颇有宋代版画之遗风。

---

① 张道一：《孝道图·二十四孝图等考析》，山东教育出版社 2015 年版，第 183 页。

九、《新镌增补全像评林古今列女传》插图

图 3-8　二妃德智，明代版画，《新镌增补全像评林古今列女传》插图 ①

　　《新镌增补全像评林古今列女传》是明代茅坤增补刘向《列女传》而成，于明万历十九年（1591）由余文台三台馆刊刻。此插图版式为双面连式，与嘉靖二十一年（1542）版《新刊大字分类校正日记大全》类似。图上方通栏标题"二妃智德"，左右镌以联语："舜受诸凶能免难，二妃多克相之功；尧试百方悉协谋，一升赖内助之力。"图中二妃站立于画面左方，正在交谈，一人指向右边一砖砌墓，墓碑上刻有"娣墓"二字，墓前则有祭祀供案一张。古时女子同事一夫，年长者称年幼者为"娣"，年幼者称年长者为"姒"。插画背景绘满山水和竹林，以示舜死后二妃奔赴潇湘，泪洒青竹，悲愤而亡。

---

　　① （汉）刘向撰，（明）茅坤补：《新镌增补全像评林古今列女传》，明万历十九年（1591）余文台三台馆刊本，第 2 页。

十、《新锲全像音释古今列女传》插图

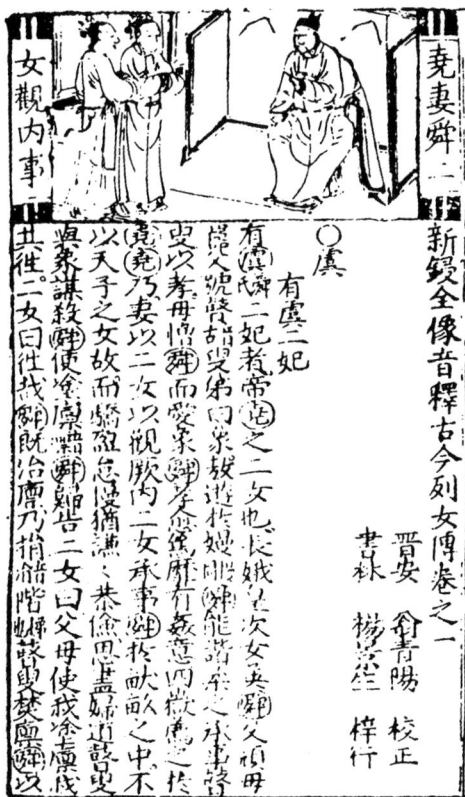

图 3-9　有虞二妃，明代版画，《新锲全像音释古今列女传》插图 ①

　　此 "列女图" 版画乃明万历年间刊刻，页面右下题为 "晋安翁青阳校正、书林杨景生梓行"，上图下文，文本内容为《列女传》首篇《有虞二妃》。图像只占页面四分之一左右，成为文字的附庸。画题分列图像两边，内容为 "尧妻舜二女观内事"。文字部分讲述舜因四岳荐举而娶尧二女，二女治家有方，且协助舜脱离涂廪、掘井之祸。

---

① 　周芜、周路、周亮编：《建安古版画》，福建美术出版社 1999 年版，第 230 页。

十一、《帝鉴图说》插图

图 3-10　孝德升闻，明代版画，《帝鉴图说》插图 ①

《帝鉴图说》由明代内阁首辅张居正编撰，是供当时年仅十岁的万历皇帝阅读的教科书，分为木刻版画本和彩绘本两种形式。此万历元年（1573）本是此书有完整刻本之始，另有万历三年（1575）郭庭梧刻本、万历三十二年（1604）金濂刻本、天启二年（1622）刻本以及清代各种版本和域外刻本。全书将历代帝王分为"圣哲芳规"和"狂愚覆辙"两部分，采用以图片搭配短篇故事的叙事方式，诠释了张居正的帝王之道。

此图题为"孝德升闻"，线条简单，轮廓清晰，朴拙中带有几分稚趣。画面中有两组人物，每组四人。右边一组为院子内部的场景，主要人物包括舜、象、瞽叟和舜母。其中瞽叟手拄拐棍与舜母坐于堂屋之中，二人均以手指向堂下站立请安的舜，有共同指责之意。象站在瞽叟右侧，面朝瞽叟、舜母，左手指向舜，正在向父母抱怨舜的不是。舜则在堂下弯腰作揖，聆听指摘，谦卑恭顺。舜家的篱笆之外，帝尧骑马前来，两位侍从一前一后，三人在一位向导的带领下即将进入舜家的柴门。两组场景的叙事性和戏剧性很强，舜默默忍受家庭指责的同时，命运却即将因帝尧的到访而发生变化。

---

① （明）张居正、吕调阳：《帝鉴图说》，哈尔滨出版社 2009 年版，第 6 页。

图 3-11　孝德升闻，明代版画，《帝鉴图说》插图 [①]

　　此为明代另一个插图版本的《帝鉴图说》，画面构图、内容和主要人物基本与万历本一致。不过，此插图采用近景细描的方法，较之万历版本的远景俯瞰式描绘更容易看出人物的表情，故能更明确的判断其情感立场。院落之内，年轻的舜在堂前双手高举托盘，盘中三碗满盛食物，向堂上的瞽叟、后母、象进献。瞽叟、后母、象自左向右紧邻而坐，孩童模样的象依偎在舜母怀中，双脚垂在堂阶之上，骄纵任性。瞽叟、舜母均两眉下垂，呈"八"字状，面露不悦之色。同时，三人同时伸出右手指向舜，有齐声声讨之意。院落之外，帝尧一行三人在向导的引领下已即将跨入舜家的柴门。帝尧骑在马上，背负行囊，马头、马尾各站一名仆僮；向导戴裹头巾，着坎肩，农夫打扮，右手高举，指向院中，左手招呼帝尧三人，颇显热情。院内院外形成了鲜明反差，家庭内部的矛盾也决定了舜虽受父母迫害，却因孝名远扬而时来运转，吸引了帝尧的慕名前来。

① （明）张居正原著，陈生玺、贾乃谦整理：《帝鉴图说评注》，中州古籍出版社 1996 年版，第 7 页。

十二、《人镜阳秋》插图

图 3-12　虞舜，明代版画，《人镜阳秋》插图 [1]

　　明代劝惩故事书《人镜阳秋》，由汪廷讷撰，汪耕绘，黄应组刊刻。该书分为忠、孝、节、义四部分，旨在宣扬忠孝节义道德。每一故事均附一插图，构图为双面连式，共358幅，为徽派版画之杰作。此为明万历二十八年（1600）汪氏环翠堂刊本，另有明末修订本和天启五年（1625）后的二十三卷增补本等。《人镜阳秋》与《帝鉴图说》《养正图解》等书一样，属于同一时代的规谏类插图式图书。上图为卷六孝部"不匮类"《虞舜》插图。舜的父母和弟弟被画在左书叶的一侧，营造了亲密感；而正在作揖的虞舜被单独画在右书叶的一侧，被排斥、孤立的意味甚浓。这种帝舜和瞽叟、后母、象四人的人物布局也影响了清代的《圣谕像解》中舜家庭故事的构图。

---

　　① （明）汪廷讷撰：《人镜阳秋》，万历二十八年（1600）新都汪氏环翠堂刊本，第328页。

十三、《列国前编十二朝》插图

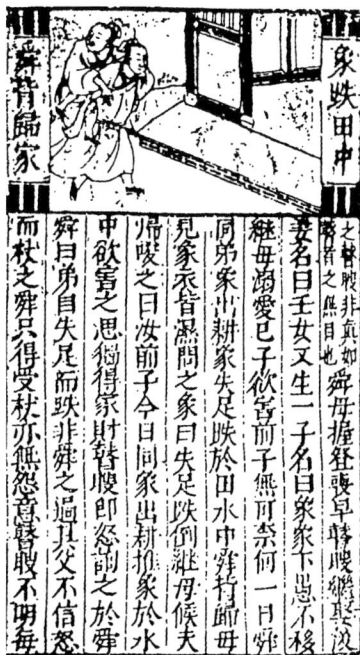

图 3-13　舜入仓搬谷父母放火烧，明代版画，《列国前编十二朝》插图 ①

　　明代余象斗所编历史通俗小说《列国前编十二朝》，叙述自开天辟地、三皇五帝、夏至商"十二朝"史事，刊于万历三十四年（1606）。帝舜部分主要讲述其家庭故事和治国故事两种，图像多达 20 余幅。家庭故事的标题有："瞽叟夫妇命舜帝下古井""青面狐引舜出穴道""舜帝回家见父母兄弟""舜入仓搬谷父母放火烧""瞽叟二人见舜回家大惊""瞽瞍夫妇怒责舜帝""舜帝耕于历山土民让畔"等，主要表现涂廪、浚井之类的家庭迫害情节。如此图"象跌田中舜背归家"，讲述弟象失足跌入田中，舜背其回家却遭到舜母诬陷而受罚，以此来凸显父母对兄弟的不同态度。此情节不见于正史，当是民间传说中的内容。

　　① 《列国前编十二朝》，载古本小说集成编委会编：《古本小说集成》第 3 辑，上海古籍出版社 2017 年版，第 337 页。

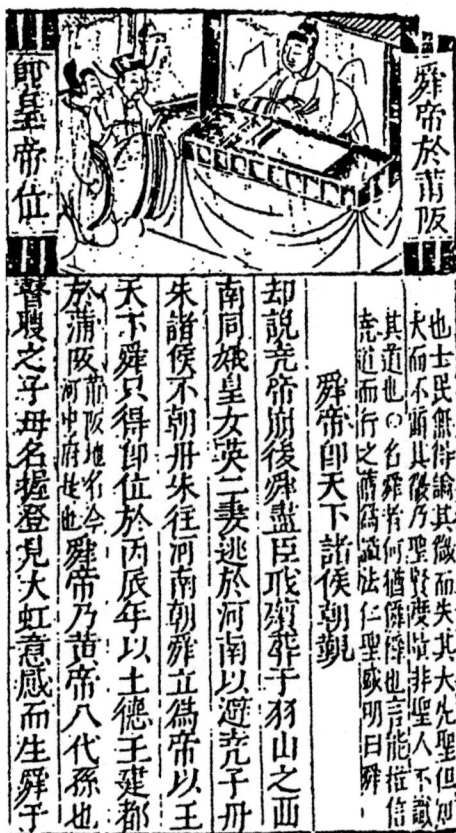

图 3-14　舜帝于莆阪即皇帝位，明代版画，《列国前编十二朝》插图 ①

　　该书采取上图下文的插图形式，文字分列竖排，每列之间有竖线隔开。每页
上方一图，画题以较为口语化的叙述分列图像左右。此图"舜帝于莆阪即皇帝
位"，讲述舜帝建都莆阪且即位于此。图中帝舜袍服宽带，双手袖于胸前，端坐
于龙椅之上，前有桌案，椅后有屏风半围。左有二位大臣跪拜殿前，手执笏板，
正在恭贺舜帝即位。

　　① 《列国前编十二朝》，载古本小说集成编委会编：《古本小说集成》第 3 辑，上海古籍出版社 2017
年版，第 353 页。

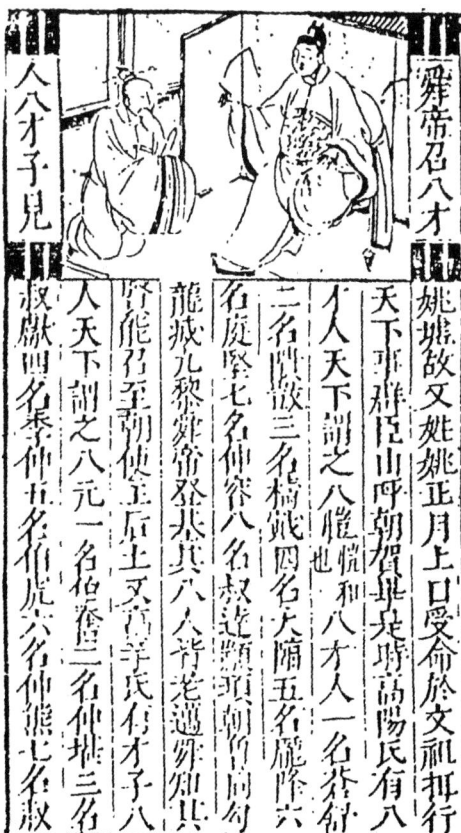

图 3-15　舜帝召八才人八才子见，明代版画，《列国前编十二朝》插图 ①

　　《列国前编十二朝》中还有诸多帝舜治国故事，如"舜帝召八才人八才子见""舜帝封众臣为九官""舜帝大宴群臣操七弦琴""舜帝命禹领兵征三苗侯""帝与群臣言欲立禹代位""舜帝驾出往南巡狩"等，体现了帝舜的治国理念和相关事件。该图表现舜摄政后，召集苍舒、隤敳、梼戛、大临、龙降、庭坚、仲容、叔达等"八恺"，以及伯奋、仲堪、叔献、季仲、伯虎、仲熊、叔豹、季狸等"八元"前来辅政。

　　① 《列国前编十二朝》，载古本小说集成编委会编：《古本小说集成》第 3 辑，上海古籍出版社 2017年版，第 354 页。

十四、《盘古至唐虞传》插图

图 3-16　大舜尽孝耕于历山，明末版画，《盘古至唐虞传》插图 ①

《盘古至唐虞传》，一名《帝王御世志传》《盘古志传》，据说为钟惺所作，也可能系后人伪托。该书详述自盘古到夏禹之间的神话传说，成书于明天启至崇祯年间。版式为上图下文，没有竖栏线，改以标识人名和地名的专名线。插图在页面上方，采取椭圆形构图，人物比例较小，五官不甚清晰，只起到辅助文字理解的作用。画题左右各一句，每句四字，用以概括画面主要内容。此图"大舜尽孝，耕于历山"，描绘舜正手握锄头耕作历山的场景。图中没有大象，说明此种小说插图没有采用传统的"象耕鸟耘"构图程式。

---

① 《盘古至唐虞传·有商志传》，载古本小说集成编委会编：《古本小说集成》第 1 辑，上海古籍出版社 2016 年版，第 135 页。

图 3-17 帝尧以二女妻大舜，明末版画，《盘古至唐虞传》插图①

《盘古至唐虞传》较《列国前编十二朝》后出，但两者的编撰模式和内容情节类似。此图"帝尧以二女妻大舜"，描绘帝尧将两个女儿嫁给舜，以考察舜对家庭问题的处理能力。其他插图主题，则有"舜见火起两笠飞下""舜入井中狐精背走""狐精送舜至大路边""象入房中舜在床琴""舜至洛水黄龙负图"等。从画题上可以看出，两本小说讲述帝舜家庭故事和治国故事的情节大致相同，连狐精引舜出井这种民间意味很强的传说都如出一辙。

---

① 《盘古至唐虞传·有商志传》，载古本小说集成编委会编：《古本小说集成》第 1 辑，上海古籍出版社 2016 年版，第 137 页。

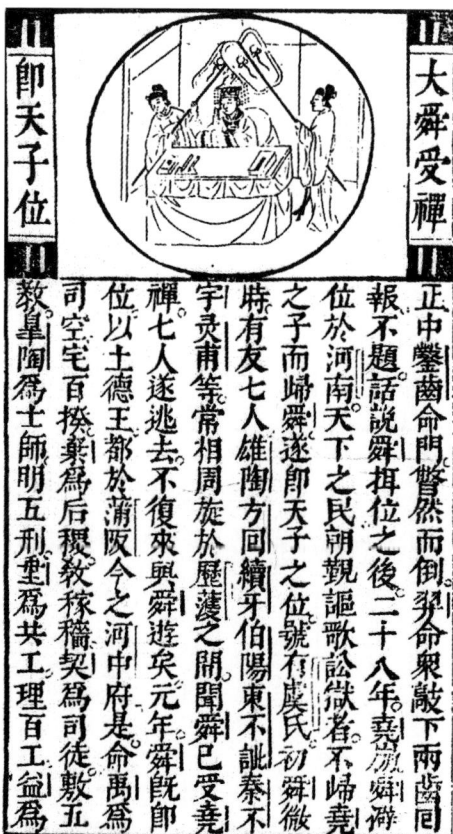

图 3-18　大舜受禅即天子位，明末版画，《盘古至唐虞传》插图 [1]

　　此图题为"大舜受禅即天子位"，画面为舜着衮冕端坐于方桌后，身后有屏风，双手揖举玉珪，绸布覆盖桌面，桌上整齐摆放诏册、笔砚。帝舜两边侍从一男一女，手持障扇。该图旨在表现大舜即位的场景，但构图类似戏台表演的剧场布景，缺乏庄严肃穆之感。

---

　　[1] 《盘古至唐虞传·有商志传》，载古本小说集成编委会编：《古本小说集成》第 1 辑，上海古籍出版社 2016 年版，第 146 页。

十五、《开辟演义》插图

图 3-19　大舜耕耘于历山，明末版画，周游《开辟演义》插图 ①

　　明末周游所作长篇小说《开关衍绎通俗志传》，又名《开辟演义》《开辟衍绎》，共六卷八十回，成书于明崇祯八年（1635）。该书所述起自盘古开天辟地，迄至周武王伐纣，时间跨度大致同于前述《列国前编十二朝》和《盘古至唐虞传》。此图题为"大舜耕耘于历山"，画面上舜头戴草帽，动作与其他插图稍有不同：既不扬鞭也不握锄，而是扶犁。犁的绳子套在大象身上，象回头望向大舜。舜和大象之后为山水田亩，丽日高悬。画面简洁，人物和背景以线描造型为主。

---

① （明）周游：《开辟演义》，程前校点，齐鲁书社 1988 年版，第 1 页。

十六、《明刻历代百美图》插图

图 3-20　娥皇女英，明代版画，《明刻历代百美图》插图 ①

　　此为《明刻历代百美图》插图，右上角题为"娥皇女英"。图中二人均为云髻、凤簪，项戴银环，霞帔长绶，推测前为娥皇，女英在后。二人不约而同的向下望着斑竹，娥皇右手下垂，左手持袖，作拭泪状。女英在娥皇身后，柳眉低垂，表情哀婉。二人相同的服饰、姿态、表情，表明帝舜崩逝后，同心同德、哀悼帝舜的情状，也与二妃溺于湘江、神游洞庭的神话传说相呼应。

---

　　① 钟年仁编：《老资料：明刻历代百美图》，天津人民美术出版社 2003 年版，第 24 页。

十七、《绘像正文千家诗》插图

图 3-21　孝闻天下，清代版画，《绘像正文千家诗》插图 [①]

　　清代所刻《绘像正文千家诗》，又名《绣像二十四孝图说》。此书为了引起儿童的兴趣，将本是不同性质的两种读物《二十四孝图》和《七言千家诗》合刊，从而更易普及、教化。此图版式上图下文，图文各占一半页面。图中舜右手持鞭，斜置在肩上，左手微垂，温和地看向大象。大象在舜之前，回望向舜，融洽和谐。象之上一只黑色的鸟飞来，生动形象。

---

① 张道一：《孝道图·二十四孝图等考析》，山东教育出版社 2015 年版，第 207 页。

十八、《百备全书》插图

图 3-22　大舜耕田，清代版画，《百备全书》插图 [①]

　　《百备全书》是民间的一部日用杂书。全书共十卷，包括天文地理、历史帝王、占卜算法、天师灵符、人畜杂病、尺牍契约，以及百家姓、千家诗、警示文等门类。其中《二十四孝》有图无文。所见为残书，未署作者姓名。书中"帝王纪"成文应不晚于清嘉庆年间。此图上方题有"大舜耕田"，图中大舜坐于树下，锄头置于一旁，似在休息。象回头望舜，两只燕子在空中飞翔。可知，清代仍采用"象耕鸟耘"的程式表现舜耕历山的主题。

　　[①]　张道一：《孝道图·二十四孝图等考析》，山东教育出版社 2015 年版，第 232 页。

十九、《九歌》插图

图 3-23　湘君湘夫人，清初版画，《九歌》插图 ①

　　《离骚图》为明末画家萧云从创作，于清顺治二年（1645）刊行。此后，画家门应兆奉敕补绘，在萧云从原作的基础上临摹并依自身的见解改绘而成。此插图右上方题为"湘君湘夫人"，来自《湘君》《湘夫人》两篇祭祀歌曲。人物呈对角线分布，湘夫人驾飞龙于左上，对应"驾飞龙兮北征"，湘君策骏马于右下，对应"朝驰余马兮江皋"。两人彼此对望，手持幽兰和江芷。在二人驾龙、驰马的凝视空间中，还布满各种香草，契合屈原诗作中对香草的大量描述。

---

　　① （清）萧云从原绘，（清）门应兆补绘，董楚平译文：《刻画雅辑·离骚全图》（上），上海古籍出版社 2016 年版，第 8 页。

二十、《天问》插图

图3-24　舜闵尧女，清初版画，《天问》插图 [1]

　　萧云从为《天问》插图五十四幅，基本涵盖了屈原《天问》中山川神灵、奇闻异说等多数内容，此举堪称前无古人。此图题为"舜闵尧女"，来自《天问》"舜闵在家，父何以鳏？尧不姚告，二女何亲"等句。图中帝尧冠冕蟒服，端坐于龙椅之上，双手行揖让礼，应是在向跪拜着的舜与二女回礼。尧身旁两位女官侍立，居于尧左手者，手持芭蕉，含笑凝视着尧；站在尧右手者，望向舜与娥皇、女英，且双手平托，示意他们跪拜后可以起身。舜居于尧之二女之间，三人共同向尧行跪拜礼。舜与娥皇均望向尧右手的女傧礼官，等待后者下一步行礼的指示。女英则望向舜与娥皇，对二人的举止有样学样。

---

　　① （清）萧云从原绘，（清）门应兆补绘，董楚平译文：《刻画雅辑·离骚全图》（上），上海古籍出版社2016年版，第38页。

二十一、《圣谕像解》插图

图 3-25　纯孝格天，清代版画，《圣谕像解》插图 [1]

此为清康熙二十年（1681）承宣堂刻《圣谕像解》，由清梁延年撰，共二十卷。他根据康熙的"上谕十六条"选辑相关古人事迹，每则故事绘图一幅，并加以解说，前图后文，编辑成册，收录版画二百六十幅。

此图右上角有标题"纯孝格天"，图为室内场景，与明万历版《人镜阳秋》在构图上亦有明显雷同，体现了明清版画中对图像的模仿与挪用。瞽叟、舜母坐于床上，象站在床边。舜母左手伸出打算牵住象的胳膊，右手轻拍床边，示意象坐到床上。舜母一边招呼，一边慈祥地端详着象；同时，瞽叟扭头看向象与舜母，眼神充满宠溺。画面与《人镜阳秋》中的虞舜图相比，右下方多了一把锄头，暗示了年轻的舜劳作归来，立即将锄头放在一旁，弯腰向瞽叟、舜母作揖行礼。然而，瞽叟、舜母目光的焦点只在年幼的象的身上，全然不屑于理会舜。瞽叟、舜母厚此薄彼，并没有引起舜的不满，其始终温和谦卑，以德报怨。

---

[1]　（清）梁延年编：《圣谕像解》（康熙二十年承宣堂刊本），四川大学出版社 2017 年版，第 47 页。

二十二、《列女传》插图

图 3-26　有虞二妃，清代版画，《列女传》插图 ①

　　此《列女传》插图乃明代仇英绘，清乾隆间刊本，描绘了娥皇、女英携带箪食壶浆，前往田间为舜送饭、送水的场景。图中右下角有装着食物的篮子和器皿，娥皇和女英手持水壶和盛满水的杯子，身体微躬向舜进献。舜拱手还礼，面带微笑。舜身后放着耕地的犁，助耕的牛正在低着头，安静地吃草、休整。田里的禾苗茂盛，田阡上晾晒着舜的蓑衣与斗笠，预示着舜不分晴雨天气，都在辛勤劳作。

---

　　①　胡进杉、叶淑慧文字撰述:《天上人间：儒释道人物版画图绘特展》，台北故宫博物院 2009 年版，第 51 页。

二十三、《孝经传说图解》插图

图 3-27 有虞二室，清代版画，《孝经传说图解》插图 [1]

　　该插图乃清嘉庆十六年（1811）云豫堂新镌本，以明清府邸的建制描绘舜的庭院。院门前有五层台阶，台阶两边有石狮镇守，台上有两根楹柱支撑门房。门房采取歇山顶样式，气派尊贵。一人两手反交于背后，拾级而上，正要穿过正门进入院中。此人样貌年轻，含胸驼背，且举止随意，应是帝舜之弟象。庭院中植有两株高树，枝繁叶茂，气氛祥和。舜与二妃端坐于厅堂之上，舜居于正中，将琴置于桌案之上，专心抚琴弹奏。娥皇、女英则分坐两旁，托腮静听。此图描绘了舜婚后与二妃弹琴自娱的惬意生活，象作为一个破坏因素，其负手进院的形象则意味着舜与二妃的和谐场景即将被打破。院外、院内情景设置的反差，为画面增添了不少戏剧性张力。

---

　　① （清）金柘岩辑，（清）戴莲洲绘图：《孝经传说图解》第 1 辑，张立华点校，安徽人民出版社 2012 年版，第 3 页。

二十四、《前后孝行录》插图

图 3-28 孝感动天，清代版画，《前后孝行录》插图 ①

　　此《前后孝行录》乃道光二十五年（1845）京江柳书谏堂的重刻本，分为
《二十四孝原本》与《二十四孝别录》(亦称《后二十四孝》)，附四十八幅版画插
图。除了元代形成的二十四孝人物，又增加了韩伯俞、颜乌、曹娥、茅容、花木
兰等人。版式为左文右图，各占一页。图采取舜耕历山的构图程式：远处历山白
云缭绕，山花盛开，舜站在田间，双手挂锄，望向前方，若有所思；一象在前助
耕，一象向舜回望，充满默契。先文后诗，诗文内容与前述明初插图版《二十四
孝诗》相同。

---

　　① （清）吕晋昭辑，唐碧编：《前后孝行录》，上海文艺出版社 1991 年版，第 1 页。

二十五、《二十四孝图说》插图

图 3-29　孝感动天，清代版画，《二十四孝图说》插图①

图中舜赤脚站在田头，头戴草笠，右手持锄扛在肩头，左手拊心，望着开垦后的庄稼，满脸欣慰。远处的山路上，一人头戴方顶硬壳幞头，身着袍服，一手持诏册，一手牵马缰，纵马疾驰而来。此人典型宋代官员打扮，也可能为帝尧或其所派官员。此图以刚硬线条勾勒山峦、阡陌、农田、野草，以密集的点作树叶，构型简洁，生动传神。

---

① 杨㷆撰述：《二十四孝图说》，上海大学出版社 2006 年版，第 11 页。

图 3-30　孝感动天,清代版画,《二十四孝图说》插图 ①

　　图中帝尧率领随从前往历山寻访舜,尧头戴冕旒,身着蟒袍,手持珪板,弯腰含笑,谦卑的向舜行揖礼;尧身后站立一位武士,手持立瓜(按:一种仪仗器具),庄严肃立。舜则头戴斗笠,裤腿高高挽起,脚着草鞋,手持锄头,站在田中,弯腰向前帝尧行礼。舜身后站立一头大象,好奇地看着帝尧及其侍从。空中两只燕子来回飞舞,周围禾苗正在生长,树木渐渐丰茸,一派生机盎然的景象。图中的三位人物和大象均生动形象,光绪时的《增广日记故事详注》完全采取此构图和画面布局,从而成为清末《二十四孝图说》版画和民国绘画的经典人物布局。

----

　　① 杨焄撰述:《二十四孝图说》,上海大学出版社 2006 年版,第 9 页。

二十六、《增广日记故事详注》插图

图 3-31　孝感动天，清代版画，《增广日记故事详注》"至孝类" 插图 [1]

　　此插图乃清光绪二十七年（1901）镇江善化书局刊本，版式为左图右文，图文各占一页。该书上下两卷，清代王相注，刻绘者不署名。全书共分为 31 类 238 条，只有 "至孝类" 有 24 幅图。该图构图形式与前述清代版画《二十四孝图说·孝感动天》相近，只是人物服饰细节有所不同。如帝尧在这里由头戴冕旒，变成头戴通天冠；身后侍立的武将也由手持立瓜，改为手持画戟。舜戴笠挂锄的形象变化不大，身后的大象却造型丰满，孔武有力。总体来看，尽管不同时期的刻工画匠在细节处着手，以凸显其与众不同之处，但清代舜图像在二十四孝图中已基本定型，其刊刻数量众多，却大同小异。

---

① 张道一：《孝道图·二十四孝图等考析》，山东教育出版社 2015 年版，第 190 页。

二十七、《历代画像传》插图

虞帝大舜

图 3-32　虞帝大舜，清末版画，《历代画像传》插图①

　　此插图乃清光绪木刻印版，以"象耕鸟耘"的传统题材凸显大舜孝感动天的神异性。画面主体为一头硕大无朋的大象，獠牙锐利，目光凌厉，耳如蒲扇，自四腿至躯干布满象征力量感的肌肉褶皱。画工将大象刻画得充满野性，且在画中占据较大面积，意在突出帝舜驯服百兽的特殊能力。与此同时，画面中帝舜站在大象旁边，背对象首，右手拄着锄柄，左手指向天空，仰头对着空中衔着花枝飞来的黑鸟念念有词，貌似交代其如何撒播口中花枝上的果实。图画中的情节，无疑再现了《尚书·舜典》所言舜所具有"击石拊石，百兽率舞"的超自然的能力。

---

　　①　来新夏主编：《清刻历代画像传》（上），天津人民美术出版社 2004 年版，第 71 页。

二十八、《钦定书经图说》插图

图 3-33　大麓风雨图，清末版画，《尚书·舜典》插图 ①

　　此为清光绪年间内府石印本《钦定书经图说》，由孙家鼐等奉慈禧太后懿旨编纂，内容为儒家经典《尚书》全文配绘插图，含版画约五百七十幅。此图依据《尚书·舜典》"纳于大麓，烈风雷雨弗迷"而来，讲述舜摄政前的考验神话。图中众人在舜的带领下艰难的行进于崎岖的山路上，当时乌云密布，骤雨倾盆，山上的树木随风摇摆，岌岌可危。队伍中分别有一老者与一幼童用双手捂住耳朵，说明雷电交加，震耳欲聋。其他人则面色凝重，充满迷茫。舜居于队伍之首，神态安详，处变不惊，体现了异于常人的气度。

----

① （清）孙家鼐等：《钦定书经图说》第 2 册，清光绪三十一年（1905）版，第 4 页。

图 3-34　同寅协恭图，清末版画，《尚书·皋陶谟》插图 ①

　　该图据《尚书·皋陶谟》"天秩有礼，自我五礼有庸哉！同寅协恭和衷哉！"以此表现舜任用八恺、八元，对大禹委以重任，君臣合力治天下的治国神话。图中舜头戴冕旒，手持珪板，于厅堂北墙面向南方，居中凭几而坐；大臣分为东西两列，每列四人，跽坐两厢。大臣们手持笏板，表情肃穆，聆听舜的圣谕。在舜身后的北墙一侧有一身着袍服的年轻人不时探头观望廷议的情况，可能为舜子商均。商均的"闯入"，使得画面打破了君臣廷议的庄重氛围，而使构图注入了活泼灵动的气息。

① （清）孙家鼐等：《钦定书经图说》第 2 册，清光绪三十一年（1905）版，第 11 页。

图 3-35　巡狩岱宗图，清末版画，《尚书·舜典》插图 [1]

　　《尚书·舜典》载，舜摄政后，"岁二月，东巡守，至于岱宗，柴。望秩于山川，肆觐东后"，此图据之而来。舜在人物正中，着冕旒衮服率众臣拜祭东方之神。祭祀采用火祭的方式，舜两边分站两名着冕旒衮服的官员，当为掌管四方山川的主官"四岳"。舜与"四岳"均着冕旒衮服符合上古礼制，直到战国时期才规定士不得服冕，大夫不得服衮，使冕弁制度等级化。[2] 这说明制图者对于上古礼制颇为熟悉。

---

① （清）孙家鼐等：《钦定书经图说》第 2 册，清光绪三十一年（1905）版，第 13 页。
② 阎步克：《服周之冕——〈周礼〉六冕礼制的兴衰与变异》，中华书局 2009 年版，第 36—53 页。

图 3-36 帝廷赓飏图，清末版画，《尚书·益稷》插图 [1]

　　"帝廷赓飏"，典出《尚书·益稷》帝舜与皋陶、禹、夔等作歌联唱、承续往复，体现了帝舜以音乐治国的理念。当时帝舜先唱："敕天之命，惟时惟几。"皋陶行稽首礼后，高声续唱："念哉！率作兴事，慎乃宪，钦哉！屡省乃成，钦哉！"百官则接着联唱："元首明哉，股肱良哉，庶事康哉！"最后，帝舜歌唱："俞，往钦哉！"以作结束。图中以帝舜与皋陶为画面的焦点，二人站于庭堂之上，相互揖礼、对谈；堂阶之下的御路正中站立一位官员，举起一手，似是打着节拍，为众人领唱；在其左手站立四人，右手三人，众人或高举双手，或高举一手，一手扶腰，在领唱官员的指挥下引吭高歌。另外，图中宫廷上方的空中还出现了祥云环绕以及金、木、水、火、土"五星连珠"的瑞象。此图借以表现帝舜以音乐协调君臣关系，以至百官勤政，政通人和。

----

[1] （清）孙家鼐等：《钦定书经图说》第 2 册，清光绪三十一年（1905）版，第 23 页。

二十九、《廿四史通俗演义》插图

图 3-37　舜耕历山，清末版画，《廿四史通俗演义》插图 ①

　　此插图乃光绪庚寅（1890）广百宋斋石印本。图中大象的造型与清光绪木刻印版《历代画像传》"虞帝大舜"以及清代《绘像正文千家诗》之"孝闻天下"中的大象相似，不过其运用过多的曲线塑造象的肌肉感，却适得其反，最终使该象身材臃肿，比例失调。不过，舜及周边石树、阡陌、飞燕的构型较为真切生动，尤其舜的打扮和动作颇为传神。图中舜头戴斗笠，以锄靠肩，扶锄而立。其裤脚高挽过膝，袖口撸起过肘，呈现了农夫在农田劳作后的真实场景。另外，舜光着脚，以左腿撑地，右腿微屈在左小腿上刷蹭，应是由于田间蚊虫叮咬而以刷蹭止痒。舜的打扮及其动作画面的设计，都建立在画工丰富的生活阅历和细致观察的基础上，舜的农夫形象也因之跃然纸上。

---

① （清）新昌、吕抚辑：《廿四史通俗演义》（上），浙江人民出版社 1985 年版，前言第 4 页。

三十、《二十五史通俗演义》插图

图3-38　舜耕历山，民国版画，《二十五史通俗演义》插图 ①

　　此小说插图由广益书局刊于1948年，沿袭明清版画插图尧王访舜的主题，但人物位置左右调换，尧和侍臣居于画面右方，舜和大象居左。帝尧头戴通天冠，身着衮服，向舜鞠躬行揖礼。帝尧旁边侍立一文官随从，手中持类似立瓜的仪仗，神态恭敬安和。舜头戴斗笠，脚着草鞋，双手拄着锄头，身体微微前倾还礼。大象在舜的侧后方，转头瞪大眼睛盯着舜，面对不速之客的来访，流露出疑惑的神情。远处飞鸟成群掠过农田，田里禾苗茂密，一幅春忙景象。

---

① （清）吕安世编：《二十五史通俗演义》(上)，广益书局1948年版，前言第4页。

三十一、《娱闲录》插图

图 3-39　帝舜有虞氏，民国画报，《娱闲录》插图，1914 年第 5 期 [1]

1914 年创刊于成都的《四川公报》增刊《娱闲录》是一种娱乐性刊物，其第 5 期开头连续介绍《帝舜有虞氏》《娥皇女英》，其文字叙述以《史记》等主流文献为依据，插图以黑白水墨的风格描绘。帝舜一改宋代半身肖像中的冠冕朝服，而是头戴唐代软脚幞头，长须浓髯，大袍宽袖，一副饱经沧桑的中年形象。舜眉头紧锁，目光深邃，若有所思，不怒自威。同时，其双手拢于袖中，放于古琴之上。绘制者意在说明舜因忧思忡忡而辍琴不弹，似乎借以表达对清朝末年动荡不安的时局的忧虑。

---

[1]　图像来源：《全国报刊索引》之《民国时期期刊全文数据库》(1911—1949)。

图 3-40　娥皇女英，民国画报，《娱闲录》插图，1914 年第 5 期 ①

　　图中娥皇、女英听闻帝舜去世消息，一人手扶竹干，背向观者，掩面哭泣；一人枯坐于石上，眉角下弯，目光呆滞，以衣袖掩口啜泣。二妃一坐一立，一正面一背向，形成鲜明对比。娥皇、女英身旁大片竹林代表了潇湘斑竹的图像主题，并烘托出浓郁的悲伤气息。

———————————

　　①　图像来源：《全国报刊索引》之《民国时期期刊全文数据库》(1911—1949)。

三十二、《儿童月刊》插图

1935 年 12 月，创刊于湖北汉口的民国儿童读物《儿童月刊》在画报一栏曾刊登《五千年的古国》，以四张插图连环画的形式分别描绘了舜成长中的涂廪、浚井、尧嫁二女、舜战三苗等主题。舜是促成帝尧攻打三苗的决定性人物。据《史记·五帝本纪》载："三苗在江淮、荆州数为乱，于是舜归而言于帝，请流共工于幽陵，以变北狄；放欢兜于崇山，以变南蛮；迁三苗于三危，以变西戎；殛鲧于羽山，以变东夷。四罪而天下咸服。"1935 年 5 月以来"华北事变"爆发，抗日局势日益严峻。时代呼唤像帝舜一样能够驱逐"三苗"、放逐"四凶"的英雄人物出现，希望他们能够力挽狂澜，扶大厦于将倾。历代帝舜图像较少提及帝舜讨伐三苗的事件，该图在继承帝舜孝感动天图像主题

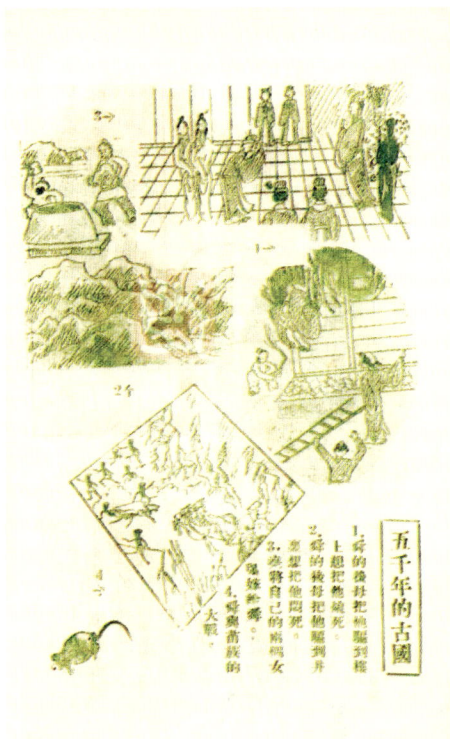

图 3-41　五千年的古国，民国画报，《儿童月刊》插图，1935 年第 3 卷第 2 期 [1]

的同时，又表达对时局的关切，可谓匠心独具。舜战三苗维护了华夏统一的民族大义，该图希冀以此重塑帝舜作为上古部落英雄的伟大形象。

---

[1]　图像来源：《全国报刊索引》之《民国时期期刊全文数据库》(1911—1949)。

第四章　帝舜国画、年画

一、概　述

　　帝舜图像除了考古图像和版画插图外，还有国画、年画、连环画等多种绘画形式，主要分为帝舜肖像和孝感动天图两种程式。与历代木刻版画饱含多种图文关系，且以插图叙事不同，帝舜绘画围绕帝舜及其事迹进行构图，辅以简单题字和落款。这些文字对于帝舜绘画本身，仅具有一般的说明性、补充性功能。

　　早期的历代帝舜个人肖像画今已不存，现存的历代帝舜绘画主要见于明清时期。帝舜个人肖像画主要受到宋代以来的帝王木刻版画的影响，采取正面微侧的半身坐像造型，以及多为冕旒袍服的固定模式。当然，其中也有例外。如在一幅佚名所绘的帝舜画像中，舜着头巾便服，颇有部落联盟领袖的风范。这种头饰和衣着为非典型帝王装扮，同样流传甚广。除了帝舜半身像以外，《二十四孝图》中的"孝感动天"画仍是明清帝舜绘画的核心内容。如仇英、王素、任伯年等明清画家都青睐于这一题材。他们的画面构图一般分为两种：一种是以舜、大象和鸟为核心元素展现"象耕鸟耘"的主题，如任伯年《二十四孝图》之《虞舜》。一种主要表现尧王访舜的画面，如王素《二十四孝图》之《虞舜孝感动天》，其人物布局受到清代版画插图的影响。画面中尧与舜相互作揖，尧后面一侍者站立，手举仪仗，突出帝尧的王者威仪。舜身后站立大象，周边山水树木环绕。到了近代，"孝感动天"仍然是帝舜人物画中的常见内容。李霞、徐燕孙、王震、陈少梅、黄叶村都曾绘制此种题材。另外，娥皇、女英也是我国古典人物画中的重要主题。它既与历代楚辞图中"湘君、湘夫人图"有一定关联，也因独具彰显二妃女德、闺范与帝妻母仪的功能，从而使"二妃图"成为帝舜绘画序列中不可或缺的组成部分。明代画家文徵明和晚清海派画家任熊都曾创作过此种题材，为画坛留下了不可多得的精品。

清代以降，"孝感动天"作为《二十四孝图》中的重要画题，频频出现在苏州、武强、高密、凤翔、绵竹等地的木版年画中。地方戏曲中常常表现"尧王访舜"的内容，凤翔、庆阳等地年画中亦随之出现了帝舜戏曲剧目为题材的"戏出年画"，年画中尧舜等主要人物都按照戏曲装扮进行了造型转换。改革开放以后，帝舜神话作为中国古代神话的代表成为连环画的叙事内容，并颇受大众欢迎。连环画以其特殊的连续叙事载体、相对宽裕的画面表现空间，对帝舜图像的传承和演进起到了承上启下的重要作用。

二、仇英《二十四孝册》

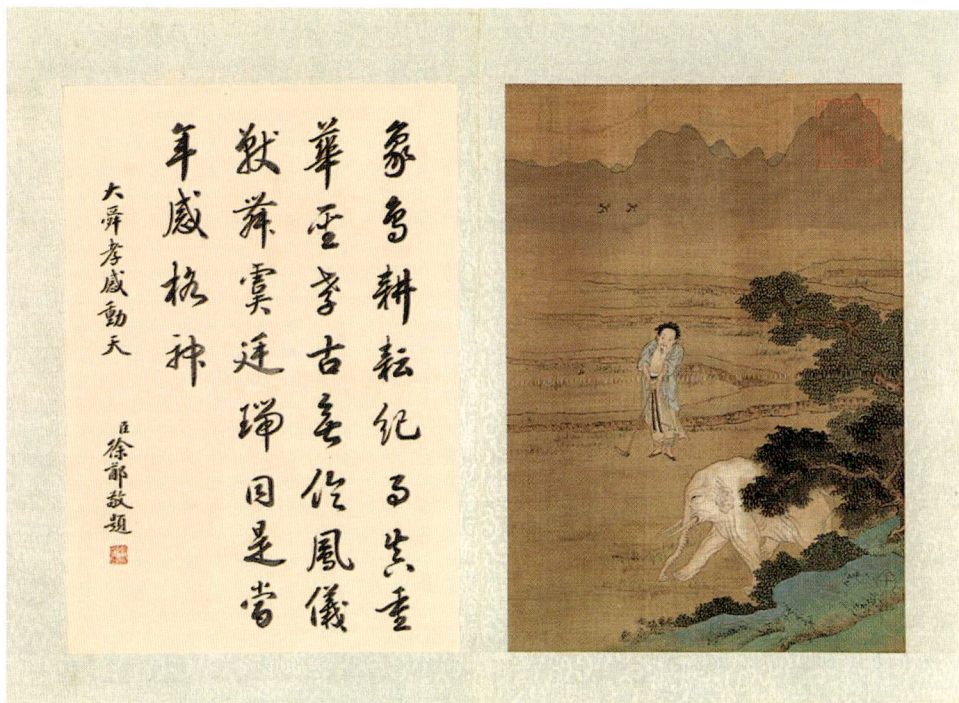

图 4-1　大舜孝感动天，明代绘画，台北故宫博物院藏 [①]

此为明代画家仇英所绘《二十四孝图》之"大舜孝感动天"，绢本设色，纵31.2 厘米，横 22.3 厘米。仇英使用青绿山水的画法绘制历山风景，前方白色大象提亮画面色彩，装饰性较强。大舜居画面中心，是留有胡须、手持锄头、身着绿衫的中年形象。册页左侧有清代画家徐郙的行楷《大舜孝感动天诗》。诗云："象鸟耕耘纪事真，重华至孝古无伦。凤仪献舞虞廷瑞，同是当年感格神。"徐郙字寿蘅，号颂阁，江苏嘉定人，同治元年状元。因其精于书法，擅画山水，故常为慈禧的画作题诗。徐郙落款称"臣"，大致是对慈禧太后而言。

[①]　明仇英画二十四孝，载中华珍宝馆网站 http://g2.ltfc.net/view/SUHA/60d5bb8e6155e14a09d16648。

三、文徵明《湘君湘夫人图》

图 4-2　湘君湘夫人图（局部），明代绘画 [1]

此为文徵明绘《湘君湘夫人图》，纸本设色，纵 101 厘米，横 36 厘米。画面上湘君、湘夫人一前一后，前者头梳环髻，手持羽扇，侧身后顾，后者梳云髻，凝睇对视，默而不语。二人均上身着襦衣，下接高腰束胸裙，肩披帛带，迎风飘摆，清秀古雅，体态修长，颇有吴带当风之感。晋崔豹《古今注·舆服》载："五明扇，舜所作也。既受尧禅，广开视听，求贤人以自辅，故作五明扇焉。秦、汉公卿、士大夫，皆得用之。魏晋非乘舆不得用。"可见，文徵明如此构图，正有喻示湘夫人承袭帝舜遗志而持五明扇求贤之义。当然，自隋唐以来，五明扇也成为贵族妇人常用之物。如卢思道《美女篇》就说："时摇五明扇，聊驻七香车。"因此，画中以湘君持羽扇，亦是衬托其华贵气质的手段。此画无任何配景，笔法简练、朴素，寥寥数笔就刻画出湘君、湘夫人丰富的精神世界和万方神韵，反映了文徵明追求晋唐"古意"的审美意识。湘君手持羽扇的造型，无疑是全图的点睛之笔。

---

[1]　陈斌主编，刘文西总主编：《中国历代人物画谱》，三秦出版社 2014 年版，第 324 页。

四、任熊《湘夫人图》

任熊《湘夫人图》为纸本设色，纵121.4厘米，横35.3厘米。画中湘夫人采取清代女性常见的双髻发式，其头戴杜蘅式的步摇，似取义于《九歌·湘夫人》"缭之兮杜衡"。图中湘夫人耳戴明珰，表情安详；身着墨绿色襦衣、长裙，腰间系墨绿色蔽膝，蔽膝两边各缀一蓝色配带，一方红色丝帕悬于腰上。湘夫人手持白羽扇，微睁双眼，气度雍容，其驻足于落叶纷纷的江上，冥思静想，更似有万语千言。湘夫人执五明扇的构图方式，应是效法文征明《湘君湘夫人图》而来。此图设色艳丽，线条遒劲，塑造出了湘夫人在秋风中怅然而立的形象。

图4-3 湘夫人图，清代绘画，
上海博物馆藏 ①

① 陈斌主编，刘文西总主编：《中国历代人物画谱》，三秦出版社2014年版，第422页。

五、《历代帝王圣贤名臣大儒遗像》

图 4-4　帝舜有虞氏，清代绘画，　法国国家图书馆藏 ①

　　《历代帝王圣贤名臣大儒遗像》绘于清康熙二十四年（1685），内含古代人物遗像 37 幅，左文右图，附有人物说明介绍。此书是其中第 3 册，现藏于法国国家图书馆。各帝王名臣画像仍沿袭宋代出现的半身肖像风格，帝舜冠冕朝服，佩戴方心曲领，突出其帝王身份。舜肖像画中并未特别刻画舜重瞳的特征，而以一成熟稳重的中年帝王形象示人。笔法工致，配色雅洁，肃穆庄严之气油然而生。

---

① 历代帝王圣贤名臣大儒遗像，载中华珍宝馆网站 http://ltfc.net/img/5d9aef699f601784c122ac1e#。

六、佚名《帝舜像》

图 4-5　帝舜画像，清代绘画，中国历史博物馆藏①

　　此帝舜画像作者不详，图中舜面目五官的造型，与明清帝舜版画中常见的舜半身像类似。不过，舜穿着头巾便服的平民服饰，与通常的衮服冕旒的帝王形象不同，颇有部落联盟领袖的风范。因此，此画像凸显舜平易近人的气质，使其起身农家、孝感动天的形象更加深入人心。

---

　　①　中国历史博物馆保管部编：《中国历代名人画像谱》（1），海峡文艺出版社 2003 年版，第 9 页。

七、《彩绘帝鉴图说》之《孝德升闻》

图 4-6 孝德升闻图，清代绘画，法国国家图书馆藏 [①]

　　法国国家图书馆藏有彩绘版《帝鉴图说》，共 2 册，内含彩绘故事画 95 帧。其中插图大致绘制于清早期，传入欧洲后添加了法文注释，并按照西方图书装订方法粘合成册。此图为其中的第 6 幅，画面外侧右上有中文画题"孝德升闻"。画面色彩鲜丽，制作精美。另外，"孝德升闻"故事绘画还有卷轴写绘本，画面构图基本与万历元年刊本《帝鉴图说》插图"孝德升闻"类似。

---

　　①　彩绘帝鉴图说，载 360 个人图书馆网站 http://www.360doc.com/content/18/0403/15/52920_7425637 19.shtml。

八、王素《二十四孝图》之《虞舜孝感动天》

图 4-7　虞舜孝感动天图，清代绘画，《二十四孝图》①

　　此画借鉴了清代版画《二十四孝图说》中"孝感动天"的构图，如侍卫武官手持立瓜，舜的农夫打扮及其作揖姿态等等。细节之处则有诸多不同，如帝尧为通天冠、着常服，而非版画中的头戴冕旒、着衮袍；武将头戴幞头、络腮胡，不同于版画中的武将头戴乌纱弁帽、净面；舜双手抱拳时，锄头放在身体一侧，不同于版画中舜双手拄着锄头柄而弯腰作揖；大象瞥向另一方向，不同于版画中大象盯着帝尧与武将。另外，山水、草木、田亩等背景设置有较大的不同，尤其画中没有飞鸟，是与版画最大的差别所在。

---

　　①　北京市政协民族和宗教委员会、北京联合大学民族与宗教研究所编：《历代王朝与民族宗教》，民族出版社 2012 年版，第 2 页。

九、任伯年《二十四孝图》之《虞舜》

图 4-8　虞舜，清代绘画《二十四孝图》，1866 年 [1]

　　此画题名"虞舜"，自注："孝忠感格，象耕鸟耘。"款识："丙寅岁，山阴任颐小楼写于甬江客次。"图中舜双手挂锄，赤脚而立，身旁站着威猛有力的大象。大象头戴襻套，系着缰绳。象身上站着一只黑鸟，另一只正从一旁朝着大象低空掠飞而来。任伯年所绘大象肌肉发达，象腿、象身的肌肉褶皱纹路密集，与清光绪木刻印版《历代画像传》插图"虞帝大舜"中的大象造型相近。

---

　　① 　任伯年绘：《任伯年二十四孝图》，天津人民美术出版社 2009 年版，第 5 页。

十、王震《一亭居士画二十四孝图》之《虞舜》

图 4-9　虞舜，清末绘画《一亭居士画二十四孝图》[①]

　　画面上方有王震题诗："虞舜终身慕，陶唐侧陋扬。大孝报象耕，万古有纲常。"题款："壬申新春，王震写于海上海云楼。"构图采取粗线勾勒方式，寥寥数笔，写照传神。画中舜形体矮小、单薄，身高不及锄柄，却以双手扶锄劳作；大象则扭头目视着舜，充满怜悯。王震以淡墨晕染舜的头身，虽无法看清其五官、衣着，却可清晰判断舜尚未成年，即承担田间耕稼的繁重劳动。由此可折射瞽叟、舜母的冷漠，更能凸显舜以大孝感召大象助耕的神异。

---

　　① 杨㸔撰述：《二十四孝图说》，上海大学出版社 2006 年版，第 10 页。

十一、李霞《二十四孝图》之《虞舜孝感动天》

图 4-10　虞舜孝感动天图，民国绘画《二十四孝图》，1937 年 [1]

　　此画题记文和二十四孝诗均与明清帝舜版画插图相配的诗文一致，但构图却别有深意。大象口中一侧有三根獠牙，坚硬锐利，怒目圆睁，性情暴悍。大象高高抬起左前腿，由舜执锄清理其脚下的庄稼。舜则右腿撑地，左脚脚尖虚点地面，身体重心侧向右边，精神专注的处理大象踩过的地面。画家观察细致入微，贴近生活真实，形象地反映了人象协同劳作的舜成长神话。

---

[1]　李霞绘：《李霞绝笔二十四孝图》，福建美术出版社 2004 年版，第 1 页。

十二、徐燕孙《二十四孝图》之《孝行感天》

图 4-11　孝行感天图，民国绘画《二十四孝图》[1]

　　徐燕孙绘制《二十四孝图》，作于 20 世纪 30 年代末。"孝行感天"图由近代书法名家冯汝琪撰写题记文、诗。配文与明初《二十四孝诗文》一致，诗云："躬耕岂为稻粱谋，力勤耒耜以干蛊。放逐四凶，平治水患，肇启中华文明。是曰：盖天下之大孝，乌祗感格其弟母。"画面构图、色彩和人、象造型受到明代仇英绘《二十四孝》影响，只是没有使用青绿山水的绘制手法。虽然图像并无新意，但经由书画名家联手，也能促进《二十四孝图》在当时的普及与传播。

----

　　[1]　徐燕孙绘：《徐燕孙二十四孝图册》，天津人民美术出版社 2011 年版，第 4 页。

十三、陈少梅《二十四孝图》之《孝感动天》

图 4-12　孝感动天图，当代绘画《二十四孝图》，1950 年 [1]

　　此画构图基本借鉴清光绪二十七年（1901）镇江善化书局刊本《增广日记故事详注》"至孝类"插图之"孝感动天"。不论武将执戟、帝尧、舜的穿戴、行礼姿态，还是大象回望的姿势样貌，均如出一辙。区别在于，陈少梅所画飞鸟为四只，后者版刻插图为三只，周遭山石、河流的布置也有较大不同。两相对照，只能说大同小异。

① 陈少梅绘：《陈少梅二十四孝图》，天津人民美术出版社 2005 年版，第 1 页。

十四、黄叶村《中华二十四孝》之《孝感动天》

图 4-13　孝感动天，当代绘画《中华二十四孝》[1]

该画以"孝感动天"为题，落款署名"黄叶村"。黄叶村为与黄秋园、陈子庄齐名的国画家。该图与清光绪木刻印版《历代画像传》插图"虞帝大舜"中的大象及舜的造型也颇为相近，只是"虞帝大舜"插图中的舜背向大象，一手指向空中的飞鸟，口中若有所语，与该图舜一手扶锄，一手指向大象，意在训导大象耕作相比，有所不同。

---

[1]　杨焄撰述：《二十四孝图说》，上海大学出版社 2006 年版，第 11 页。

十五、苏州木版年画《虞舜耕田》

图4-14 虞舜耕田，清代苏州年画，日本王舍城美术馆藏 [1]

清康熙年间《清明佳节二十四孝图》为了避免传统"二十四孝"题材画的硬性说教，而首先为系列年画设置了基本的欣赏语境：清明时节慎终追远、孝敬老人。这其实也是这一系列年画迎合民众在清明节这一特定节日的消费需要，故而以"清明佳节"冠名于"二十四孝图"之前，正是其卖点所在。《清明佳节二十四孝图》之前还根据杜牧《清明》诗画成四幅画，画中清明时节春雨绵绵，凄美感人。在四幅画之下排列二十四孝图，横六竖四，并以回纹相隔，象征着流水不断。帝舜故事位于第二幅，名为《虞舜耕田》。

---

① 张道一：《孝道图·二十四孝图等考析》，山东教育出版社2015年版，第273页。

十六、武强家堂木版画《大舜耕田》

图 4-15　大舜耕田，清代河北武强家堂画 ①

河北武强木版画中"家堂画"是当地农民所刻印的神像，用于大年三十请神和祭祀祖先时张贴悬挂，其孝行图的标题和画面处理与传统的二十四孝图相比有很大变化，其中融入了农民的务实精神和淳厚态度。河北武强民间家堂木版画《大舜耕田》中以黄牛为大舜耕田，可能绘刻者怀疑"象耕鸟耘"情节的真实性和合理性。毕竟普通民众才是木版画的购买主体，从生活常识出发，黄牛比起大象来说更具可信性。

---

① 张道一：《孝道图·二十四孝图等考析》，山东教育出版社 2015 年版，第 298 页。

十七、武强年画《二十四孝图》之《大舜耕历山》

图 4-16　大舜耕历山，河北武强年画"二十四孝图" ①

　　该年画以"大舜耕历山，孝名万古传"为题记，图中舜头戴斗笠，肩扛锄头，一手握住锄柄，另一手叉腰，作休息状。大象站立于舜旁，并回头望向舜，等待其劳作的指示。其构图与明清版刻插图颇为相近，题记文字的字形架构工整，勾画人物、大象的线条舒朗，有朴拙之美。

---

　　①　沈泓：《中国濒危年画寻踪　濮阳年画之旅》，中国时代经济出版社 2011 年版，第 55 页。

十八、凤翔年画《二十四孝》

图 4-17　二十孝，陕西凤翔木板年画，陕西省艺术馆收藏 [1]

　　年画画面内容按照"二十四孝"四字的从右至左、由上而下的顺序分别为：鞭打芦花、舜耕历山、王祥卧冰、郭巨埋儿。"舜耕历山"画面中舜赤脚而立，一手执锄，一手高举，向尧致意，尧则向舜弯腰作揖。大象站在舜旁，空中有二鸟飞舞，也体现了"象耕鸟耘"的主题。"舜耕历山"与其他三组故事一起，共同表达了"孝感动天"的教化目的。

---

[1]　修建桥编：《陕西木版年画》，陕西人民美术出版社 2016 年版，第 178 页。

十九、凤翔年画《耕读图》

此《耕读图》分为左右
两幅，用"大舜耕田"代表
"耕"，"梁灏中状元"代表
"读"，均为上文下图，形式
和立意较为新颖。《耕》图
上文下图，刻画舜耕历山时
朝廷来人迎他去做丞相的场
景，画面上方题写："眼前
有大象，朝廷前来望。请在
朝中去，叫他坐丞相。"在
题诗正中有一硕大的"耕"
字，意指如果努力耕耘，就

图 4-18 大舜耕田，陕西凤翔木板年画《耕读图》，
陕西省艺术馆收藏 [1]

可以像舜一样到朝中作丞相。图中舜挂锄回望前来拜访的使者，在历山之后又露
出帝尧华盖随行、骑马招手的半身形象，喻示帝尧一行马上到达舜劳作之处。这
与高密、平度年画"二十四孝图"之"舜耕历山"仅仅露出帝尧华盖的构图相
比，人物形象更为复杂，画面信息更为丰富。另外，"大舜耕田"右侧为"梁灏
中状元"图，题诗为："中了状元郎，回家拜高堂。老母心中喜，魁星在一旁。"
题诗正中有一大大的"读"字，意指通过刻苦读书可以显亲扬名。"耕读"相联，
也体现了民间百姓通过耕作、读书改变命运的朴素追求。据《凤翔县志》记载，
明正德以来，宝鸡凤翔南小里村邰氏就以制作年画闻名。20世纪二三十年代，
南小里村、北小里村、陈村镇的印画作坊众多，其中陈村镇的"张记""李记"
等画局尤为知名。此处年画"大舜耕田"图右下角题"陈镇"，"梁灏中状元"图
左下角题"李记"，合称即"陈镇李记"。这正是《耕读图》由凤翔陈村镇李记画
局出品的标识。

---

[1] 修建桥编：《陕西木版年画》，陕西人民美术出版社 2016 年版，第 177 页。

二十、武强年画《尧王访舜》

图 4-19　尧王访舜，河北武强年画，王树村藏 ①

　　此画将戏曲舞台上"尧王访舜"的故事内容、戏曲人物、演出场面作为表现内容，由画中尧、舜、文武侍从的服装扮相来看，此画当属于戏曲年画。画中舜居于最右侧，一手执锄，一手举起，与尧的侍从文官交谈。该文官一手高举麈尾，一手抚心，似在代替尧劝说舜出山。尧与武侍官均凝视着舜，等待后者的表态。画中人物是京剧角色的身段行头、形体动作，具有鲜明的"戏出年画"的特征。

---

　　①　王海霞主编：《中国古版年画珍本・河北卷》，湖北美术出版社 2015 年版，第 146 页。

二十一、庆阳年画《舜耕历山　尧王访贤》

图 4-20　舜耕历山、尧王访贤，甘肃庆阳年画 ①

　　该年画将"舜耕历山"与"尧王访贤"的两大主题合二为一，画中尧居于舜与侍臣之间，手持长髯，神态安详。侍臣在尧身后，代后者拿着马鞭，表情恭敬。舜站在田亩禾苗中间，一手执锄，一手叉腰，不卑不亢，侃侃而谈。三人头顶有群鸟飞过，受雕版尺幅限制，图中并未出现大象的形象。

---

　　① 孙长林主编：《孙长林艺术收藏丛书·中国民家年画集》，山东美术出版社 2010 年版，第 317 页。

二十二、绵竹墨拓年画《孝感动天图》

图 4-21 孝感动天图，清代四川绵竹墨拓二十四孝年画挂屏 [1]

此条屏用木版拓印，绵竹当地人称作"墨拓年画"。该条屏共八幅，每幅高120厘米，分别表现三个孝道人物。此"孝感动天图"突破"象耕鸟耘"和"尧王访舜"的固定程式，人物配置变为舜、象和二妃，颇有新意。该图中大象伏地而卧，舜左手执树枝，右手轻抚象身，大象轻眯双眼，意态逍遥。娥皇、女英提着食篮前来送餐，其中一人还肩扛锄头。画中题诗当是沿袭明清二十四孝诗而来。

---

① 张道一：《孝道图·二十四孝图等考析》，山东教育出版社 2015 年版，第 301 页。

图 4-22　孝感动天，绵竹年画 [1]

　　年画中舜蓝衣红裳，面目清秀；娥皇、女英一人蓝襦黄裙，倭堕髻，一人粉衣红裙，发髻高挽，均娟秀端庄。该年画与光绪年间四川绵竹墨拓《二十四孝》年画"孝感动天"条屏的人物构图基本一致。只是后者为墨拓，此为彩印，色彩更为生动鲜明。

[1]　沈泓：《中国濒危年画寻踪·濮阳年画之旅》，中国时代经济出版社 2011 年版，第 38 页。

二十三、年画《大舜耕田》

图 4-23　大舜耕田，年画，运城盐湖区博物馆

此年画采用木刻套印方法，图文均用墨线印刷，再套印红、蓝两色。画面上题"大舜耕田"四字，大舜、大象、飞鸟绘于下方圆形内。大舜一手执锄，一手扬起，作禁止动作，正弯腰训诫大象。大象低眉俯首，表情驯顺。在空中有大鸟飞过，共同表达"象耕鸟耘"的主题。

二十四、年画《舜德流芳》

图4-24 舜德流芳，年画，诸城名人馆

　　此年画中舜着红衣黑履，肩扛锄头，锄柄上挂着绿色外衣，其目光坚毅，与乡邻交谈。一老人拄杖弯腰，一手挑起大拇指，称赞舜勤劳能干。一对年轻夫妇携带幼女站在老人身旁，充满敬仰的望向舜。夫妇中男子以粉巾包裹发髻，绿衣蓝裤，女子头戴黄帽，红衣绿裤，二人均着蓝鞋，幼儿则与老人同样红衣蓝裤。地上牡丹盛开，花红叶绿，空中飞鸟掠过，红身绿翅。图中人物与花鸟均以红、绿组色为主，构图简洁，视觉冲击强烈。

第五章　帝舜陵庙图像景观

一、概　述

帝舜创世神话具有多点起源的特征，故有关帝舜的出生、成长、治都、陵寝之地等问题千百年来纷讼不息。这些争议涉及全国不少地域，归纳起来，主要集中分布于古河东文化、东夷文化、湖湘文化、上虞文化流行的地区，它们都构成了帝舜图像的空间谱系。这些地区不仅长期流传着与帝舜相关的神话传说，往往还有许多历史遗存、陵庙与之印证。虽然随着时间的流逝，有些历史建筑已被损毁，但在政府引导、社会支持、民众参与的多重力量加持下，相关的祭祀仪式、礼俗活动也得以复兴，成为当地重要的节日项目，甚至是旅游景观。

仪式活动的恢复也促进了图像景观的重建，各地帝舜陵庙及其相关的文化遗迹得以不断修缮，新的图像得以生成。例如增加匾额、楹联等文字景观，重塑帝舜、二妃及其父母、弟妹等陪祀塑像，刻绘经典传说故事的浮雕，等等。尤其在帝舜创世神话氛围浓厚、民间信仰较盛的地方，如山西永济、运城、垣曲、洪洞，山东菏泽、诸城、济南，河南濮阳、浙江绍兴，湖南永州、广西桂林、梧州等地区，更是恢复重建了许多帝舜陵庙和图像景观，并定期举办各种祭祀和庙会等民间礼俗活动，这些民俗活动和仪式叙事在催生帝舜图像景观的同时，更促进了当地帝舜文化的复兴和传播。

总之，通过多样化的图像和景观打造方式，帝舜文化依托规模宏大的文化景区和陵庙图像叙事，在当今时代重焕新生，从而赋予了新时期帝舜图像以崭新的文化内涵和精神意义。

二、山西垣曲诸冯山、历山

图 5-1　诸冯圣地大门，垣曲诸冯山景区

　　诸冯山位于山西垣曲县城东北 40 公里处，北依历山，南滨黄河，海拔 867 米。据清人顾祖禹《读史方舆纪要·山西三·平阳府》："又诸冯山，在县东北四十里，〈孟子〉云：舜生诸冯，盖即此。"诸冯山上有姚墟，姚墟周围有舜出生的石龛，名舜石龛，以及舜居住的古窑洞。

图 5-2　帝舜塑像，垣曲诸冯山景区

　　诸冯风景区大门上有"诸冯圣地"四字，门口有帝舜塑像。舜为一老者形象，头戴冠，着宽袖长袍，左手摸着长长的胡须，右手举于胸前。舜像背后有一排红色大字"华夏德孝圣祖，舜出生于垣曲诸冯山"，表明诸冯山乃帝舜的出生地。

图 5-3　历山，垣曲历山舜王坪景区

　　历山在诸冯山东北，处于沁水、翼城、垣曲和阳城四县的交界之处，属于山西南部中条山脉。历山面积广 300 余平方千米，主峰舜王坪海拔达 2358 米。山顶舜王庙始建于宋元，庙内供奉舜帝及娥皇、女英，是人们祭奠舜帝的主要场所。山上的舜王天厨、连理松、沽漯汤坡、千层饼、御剑峰、鉴心台、梳妆台、南天门、天书石、井字田、舜耕犁沟、奶泉、妃子林等多处山水景观，均与舜帝和二妃的传说有关。

图 5-4　帝舜塑像，垣曲历山舜王坪景区

　　舜王坪景区入口处竖立高大的舜耕历山塑像。帝舜头梳高髻，双手背向身后，目视前方，表情沉稳而宁静。身后有大牛躬身向下，旁有耕作时使用的犁，衬托出舜帝的高大和伟岸。在垣曲流传的民间传说中，舜在历山耕作时骑着小毛驴、赶着黄牛和犏牛，因此垣曲历山的图像中的"象耕"元素都变为"牛耕"，体现了当地民间传说对图像元素的影响。

图 5-5　帝舜耕田塑像，垣曲历山舜王坪景区

帝舜塑像旁边还有一组舜耕田的塑像，体量稍小一些。青年打扮的舜正扶犁耕田，前方一头牛在奋力前行。此两组塑像分别代表舜帝少年时期和登位以后的两种形象，以"舜耕历山"的图像主题叙述垣曲历山上发生的舜帝传说。

图 5-6 "古帝躬耕处"牌坊，垣曲历山舜王坪景区

相传舜王当年耕治此山时，曾编制了黄河流域的物候历——《七十二候》，故后人称此山为历山。今历山山腰建有"古帝躬耕处"牌坊，出自清代诗人张尔塘游历山时，留下的美好诗篇《登历山》："古帝躬耕处，千秋迹已迷。"

图 5-7　舜王庙，垣曲历山舜王坪

　　舜王坪是历山的主峰，海拔 2358 米。山顶建有纪念舜耕历山的舜王庙。舜王庙始建于宋元，原为砖木结构，后经多次复建，现为三开间的砖木石结构建筑，旁边搭有看庙人住的小屋。清代垣曲知县薛元钊曾撰写碑文。舜王庙虽然规模不大，但历史悠久，是周围百姓祭典舜帝和二妃的主要场所。

图 5-8　娥皇、女英塑像，垣曲历山舜王坪舜王庙

　　舜王庙里供奉舜帝及娥皇、女英塑像，均为小型泥塑坐像，具有典型的民间造像特点。塑像面部漆料脱落，显得有些斑驳，周围墙上画有线描壁画。庙内悬挂的锦旗写满了"神通广大""有求必应"等感谢语，在舜帝和二妃的生日、祭日等重要日子，民众都会前来祭拜，虔诚地祈祷舜帝和二位娘娘能够福泽保佑。历山周边的舜帝民间信仰氛围浓郁，信众大多来自周围的沁水县、翼城县等地。

图 5-9　娥皇、女英塑像，垣曲历山皇姑幔景区

　　皇姑幔为历山第二大高峰，海拔 2134 米，是传说中娥皇、女英生活起居的地方，因时常雾云迷漫，形成帐幔而得名。皇姑幔景区大门前方建有白石雕刻的娥皇、女英塑像，周围辅以提篮、骡子等物，展现二妃在历山生活之场景。

三、山西永济蒲州古城、尧王台

图 5-10　诸冯图，清代《永济县志》卷一图考 [1]

　　永济古称蒲坂，舜的出生地诸冯在古蒲坂城北三十里，即今永济市张营镇舜帝村。清代《永济县志》绘有"诸冯图""历山图""雷泽图""沩汭图""双井图""河滨图"，是清代永济保有大量帝舜遗迹的历史证据。从卷一的"诸冯图"中可以看出，清代诸冯村北曾有舜庙，村东有舜制陶的"河滨"。

---

　　[1]　郝仰宁:《虞舜之墟在永济》，载中国人民政治协商会议永济县委员会文史资料研究委员会编:《永济文史资料·第6辑》，1995年版，第160页。

图 5-11　蒲州古城牌坊，永济蒲州古城

文献中常载"舜都蒲坂"，永济是帝舜的都城。顾炎武《历代宅京记》说："舜都蒲坂，今山西平阳府蒲州。"蒲州古城始建于北魏时期，唐代曾两次被建制为中都，是历来兵家必争之地。如今，当地政府正在全力修复蒲州古城的各城门、城楼等。此图为新建的蒲州古城牌坊。

图 5-12　尧山，永济尧王台景区

　　永济市尧王台，史称尧峰、尧山、凤凰山，俗称九州疙瘩。据清光绪十二年（1886）《永济县志》记载："尧旧都在蒲。水经注：雷首，亦谓之尧山，山上有故城，又称尧城，尧常亦都与此，后迁平阳。"尧旧都在蒲坂，尧舜禹的禅让发生于尧王台上。尧王台上现存始建于北魏时期的三座古庙："玉皇庙""祖师庙""三元庙"，据传分别为尧帝祭天、敬祖、禅让之处。

图 5-13 祖师庙，永济尧王台景区

"祖师庙"又称文祖庙，始建于北魏太和二十一年（497）。文祖即帝尧之始祖。《舜典》载舜于正月上日受终于文祖。相传，尧王于正月上日（初一）在此设坛举行祭祖大典，让舜祭拜自己的祖先，并正式接替自己登上天子之位。文祖庙在三座庙中规模最大，今所见入口门楼仅保留部分主体，据考证还应有过廊、穹顶、前殿等建筑。庙内供奉真武大帝，民间传说他为盘古之子，生有炎黄二帝。

图 5-14 三元庙，永济尧王台景区

　　"三元庙"又称禅让台，始建于北魏太和二十一年（497）。三元即天官唐尧、地官虞舜和水官大禹，属于道教尊奉的三位天神。道经称：天官赐福，地官赦罪，水官解厄。三元庙同时供奉尧、舜、禹三位古帝，据传先尧让舜、舜禅让禹都发生在蒲坂作为尧旧都的尧王台，禅让仪式是在此禅让台上举行的。

图 5-15　舜帝坐像，永济尧王台景区三元庙

今三元庙形制为一排三间，分别供奉尧、舜、禹三位古帝，其造像形式基本相同。此像为帝舜，头戴冕旒冠，身披黄金袍，双手持玉圭。庙里跪垫均为道教八卦图案，供桌上摆放楹联，内容为："立教开宗紫气东来三万里，著书传道函关初度五千言。"

四、山西临汾洪洞唐尧故园

图 5-16　唐尧故园山门，洪洞甘亭镇羊獬村

　　唐尧故园位于山西临汾洪洞县甘亭镇羊獬村，传说为尧王行宫和娥皇、女英生活与出嫁之地。唐尧故园山门坐北朝南，门楣上镶嵌着三块花岗岩门额，中间为"唐尧故园"四字，东侧为"文韬武略"，西侧为"治国安邦"。山门亦称为崇楼，创建年代不详，现于 1995 年 9 月重建。崇楼踞于砖卷三个门洞的基座之上，面阔三间，进深四椽，单檐歇山顶，飞檐桃角，形制古朴，雕梁画栋，气势宏伟。山门对面建一九龙壁，以彰显尧王帝王之尊。

　　唐尧故园也俗称"姑姑庙"，将娥皇、女英称为"姑姑"的庙宇在全国仅此一座。因当地民众认为羊獬是娥皇、女英的娘家，每年农历三月三羊獬人都要去历山迎姑姑回娘家，形成历经千年、规模宏大的走亲习俗。走亲过程中，锣鼓喧天，声势浩大，成为流行于晋南的一种民间打击乐艺术形式，被称为"威风锣鼓"。羊獬村被公认为是威风锣鼓的发源地。

图 5-17　獬豸塑像，洪洞唐尧故园"生獬滩遗址"

　　唐尧故园内有"生獬滩遗址"和獬豸像，讲述尧时獬豸神兽的传说和羊獬村名的由来。据传，尧为唐侯时，羊獬村本名周府村。周府村金沙岭上，一母羊生一独角兽，似羊非羊。尧闻报率众臣及家眷赴周府村观赏，见此神兽富有灵性，能识善恶、辨忠奸，赐名獬豸。尧帝观此地祥瑞，便携全家迁徙到此，其夫人在此生下娥皇、女英二女，并易村名周府为羊獬。

图 5-18　圣德门，洪洞唐尧故园

　　相传尧带领村民搭草结庐，在此先后建成"尧殿""寝宫""聚贤楼""娥皇女英棚舍"等。春秋战国时，杨国侯分派羊舌氏、杨县大夫僚安曾建此园。元大德七年（1303）地震时再度成为废墟，后来当地民众捐资重建，建起"尧王殿""寝宫""子孙娘娘殿""英皇双凤殿"以及"关帝庙""舜庙""药王庙""马王庙""午台""献厅"等明清建筑群，殿内有生动逼真的塑像和精美壁画。解放战争及"文革"期间，部分庙宇毁于战火，其他建筑也因地下水位上升而拆除。1989 年以后，故园在多方支持下得到重建。今唐尧故园内建有英皇双凤殿、子孙娘娘殿、寝宫、尧王大殿、三官庙、马王庙、獬豸园、圣德门、戏台等。此图为圣德门，位于英皇双凤殿正前方。

图 5-19　娥皇、女英塑像，洪洞唐尧故园英皇双凤殿

"英皇双凤殿"亦称"皇姑殿""姑姑殿"，因民间常称娥皇、女英为皇姑，而羊獬村及周围村民称为姑姑。此殿创建年代不详，1990年先建东西向悬山顶三间，1993年又续建南北向卷棚顶三间。前面檐廊下，两位拢马小姐战袍戎装，一副巾帼英雄气派，两匹战马铁蹄欲奔，似是征战在即。进入殿门，娥皇、女英端坐于神台上，娥皇淳厚善良，女英机智果断，两侧站立侍女。神台前面为令旗小姐，右为提牌小姐，甚是威严。殿门两侧塑有女把门将军，手提宝剑，挂枪而立。

五、山西临汾洪洞历山舜庙

图 5-20　山门，洪洞历山舜庙

　　洪洞万安镇东圈头村南，有古建虞舜庙和娥皇女英庙，俗称"神立庙"，南百米有舜井，再南二百米为历山舜田，亦名象耕鸟耘区，舜田北下为象窝沟，由沟底北上为神象岭，象岭正西不足百米为百鸟蜂，俗称鸟儿峰，据传舜耕历山即在于此，历山地也称英山、神立山。每年农历三月三和四月二十八，历山与汾河东岸的羊獬村举行盛大的"接姑姑、迎娘娘"走亲习俗活动，数千年沿袭不废。

　　今历山舜庙依照原建筑进行重建，已建成虞圣大殿、娥皇女英殿、尧王庙、王母娘娘庙、子孙娘娘庙、玉皇庙、关帝庙、老君庙、风神庙、东岳庙、祖师庙、龙王庙、三官庙、将军庙等殿阁，另外还有神象亭、百鸟楼、望亲台、舜井亭、戏台、献殿、梳妆楼等建筑。庙前建有五龙壁，后山门外塑立"古历山"石雕牌坊。

图 5-21　五龙壁，洪洞历山舜庙

　　此五龙壁位于洪洞历山舜庙山门前，旁边有 2011 年历山舜庙修复委员会所立《重建五龙壁碑》。据碑记可知，因龙为帝王之象征，飞龙在天犹如圣人之在王位，而舜帝为上古五帝之五，故在舜庙前建五龙壁。2004 年此处曾建有五龙壁，因地基下陷，壁侧断裂，又于 2011 年重建。

图 5-22　帝舜与四大臣塑像，洪洞历山舜庙虞圣大殿

历山舜庙的中心建筑是虞圣大殿，重檐歇山顶，琉璃瓦脊，面宽六间，进深五间，高 17 米，周围 32 米围廊，廊下支撑 22 根立柱。大殿上方书有"万古光辉"四个古朴苍劲的大字，两侧有楹联"贤仁贤帝万世百姓堪为师，圣德圣君百代君王钦称范"，殿内塑帝舜与四大臣像。舜着帝王装坐于正中，手持玉圭。四位大臣分别为伯禹、契、皋陶、弃，手持笏板，站立两旁。殿内四方墙面绘满精美壁画。

图 5-23　"历野故宫"匾额，洪洞历山舜庙娥皇女英殿

　　娥皇女英殿位于虞圣大殿之后，檐匾书"圣德生辉"，门匾书"历野故宫"，门柱楹联为："佐夫君施仁政圣德生辉，侍翁姑尽妇道贤孝留芳。"娥皇女英殿两侧配有二郎庙、子孙庙、尧庙、鞍首祠，西边建有玉皇庙、老君庙和关帝庙，周围另建有五母娘娘庙、王母宫、东岳庙、龙王庙等。

图 5-24　娥皇塑像及壁画，洪洞历山舜庙娥皇女英殿

　　娥皇女英殿内正中设几案神位，两旁供奉娥皇、女英塑像。殿门两侧塑两位女将军守门，两侧各站立二位侍女。两旁墙面有彩绘浮雕，内容包含娥皇、女英帮助舜化解焚廪、浚井、醉酒之难、二妃没于湘江等经典情节，以及历山神庙建造的传说。

图 5-25　"古历山"牌坊，洪洞历山舜庙后山门

此牌坊为双面单式结构，四柱三门九檐，宽 12 米，高 10 米。牌坊雕满各种龙的图案，高大雄峻，精美绝伦。牌坊前后上方各刻有"古历山"和"崇圣坊"几个大字，正面楹联刻"古历生辉千队龙邦谒仁君，乡云焕彩万方华胄朝圣帝"，背面楹联刻"德配九州功闰日月照天地，孝行千古名共星辰耀春秋"。牌坊两侧竖立一双石狮和《石雕牌坊碑记》和《洪洞县煤炭运销公司简介》两块碑记，分别介绍了石雕牌坊的出资方和修建概况。过此坊约百米，经"渊德门"可进入历山舜庙。

六、山西临汾洪洞万安娘娘庙

图 5-26　万安娘娘庙，洪洞万安镇万安村

　　万安娘娘庙位于洪洞县万安镇万安村，前身为帝舜娥皇女英祠。万历年间洪洞县志载："帝舜娥皇女英祠，昭宗天祐二年封懿节祠，祠在县西二十里舜岭上。"天祐是唐昭宗年号，可知帝舜娥皇女英祠在唐代曾得到官方封敕。万安娘娘庙现有保存完好的康熙十三年（1674）和乾隆五十三年（1788）的石碑，记载了顺治和康熙年间，娘娘庙种树、购置家什、更换香老等情况。万安娘娘庙是二位娘娘的行宫，洪洞走亲习俗中，羊獬人在历山接姑姑后，要经过万安并住上一晚，到了四月二十九,万安也要从羊獬接回娘娘。

图 5-27　献殿，洪洞万安娘娘庙

　　如今的万安娘娘庙建有过殿、献殿、正殿、舜王殿、尧王殿、二郎殿、财神殿、观音殿等庙宇及新式戏台。此为献殿，是信众进香敬神、摆放贡品的地方，殿门上方悬挂"德配重华""有虞内助""娲汭芳型"三块匾额。殿内塑金马两匹，两位拢马将军，并摆放有执事銮驾、万人伞、兵器，以及二位娘娘出巡的神轿等。

图 5-28　娥皇、女英塑像，洪洞万安娘娘庙正殿

　　娘娘庙正殿与献殿相连，殿门两边有楹联"姐皇后妹皇后姐妹皇后，父帝王夫帝王父夫帝王"。殿内娥英二圣端坐中央，慈眉善目、金身生辉，两旁有送子、奶母、痘儿、消灾、五毒等娘娘，华丽壮观，金碧辉煌。两厢十二戏女，手执琴笛笙箫，形态各异。

图 5-29　舜王、四大臣塑像，洪洞万安娘娘庙舜王殿

舜王殿正中为舜王站立像，手持玉圭，神态威武，五官带有佛祖特征，突出其神性。舜王两旁站立二位侍者，身形比舜王小很多，以衬托舜王的伟岸。四大臣分别在舜王两侧，均为站立持笏像。舜王像两边还塑有东岳大帝像和太上老君像。

七、山西运城舜帝陵

图 5-30　舜帝陵，运城市盐湖区

　　运城舜帝陵位于运城市区北 10 公里的鸣条岗西端。舜帝陵冢启于禹时，陵庙始建于唐开元二十六年（738），后毁于元末战火中。明正德初年（1506），乡人重建。但在明嘉靖三十四年（1555）的大地震中又遭毁坏。明万历三十一年（1603），安邑县令吴愈再次重建。清嘉庆二十年（1815）的大地震中舜庙又为瓦砾，仅存正殿。次年，在乡人王步洲等倡导下重建。陵庙西边曾建有孝悌堂，东南建有"守陵寺"，为守陵僧侣居住，金大定二年（1162）改名大云寺，于解放初拆毁。陵区有古柏、神道、山门、陵前献殿、享厅、陵冢、关公祠、馘首祠、皇城等建筑遗迹。

图 5-31　舜歌南风塑像，运城舜帝陵

　　运城舜帝陵分为景区和陵区前后两部分。景区扩建于 2002 年，由舜帝广场、舜帝公园、重华桥、雷泽湖、历山、舜歌南风坐像等部分组成。"舜歌南风"塑像主题来自《礼记·乐记》载"昔者舜作五弦之琴，以歌南风"，同时结合运城地区流传的民间传说，采用舜帝抚琴坐姿，由中央美术研究所设计。塑像高 5.18米，宽 6.45 米，厚 3.6 米，花岗岩雕刻，为舜帝陵景区标志之一。

图 5-32　青石大象塑像，运城舜帝陵

　　舜歌南风塑像两旁立有华表，以及两座青石大象雕塑，取意舜耕历山、象耕鸟耘的图像主题，气势宏伟，古朴传神。舜歌南风塑像和青石大象均为世界姚氏宗亲联谊会捐赠。世界舜帝后裔宗亲联谊会以大象图案为会标，寓意万象更新、世界大同。

图 5-33　夫妻柏，运城舜帝陵

　　此夫妻柏位于运城舜帝陵神道前方，相传是大禹为舜陵亲手栽植，已有四千多年寿龄。两棵柏树一枯一荣，活柏抱死柏，如同一对忠贞不渝、生死相依的夫妻，造型罕有，形态传神，因此命名为"夫妻柏"，明代《安邑县志》亦称"连理柏"。

图 5-34　山门，运城舜帝陵

　　此为舜帝陵山门，是仿清代重檐歇山顶式建筑，上挂"有虞帝舜陵"匾额，为明万历进士邢其任所书。东西对设盘龙砖雕影壁，前后花板刻有"三星高照、富贵平安"等吉祥图案。

图 5-35　月台、献殿，运城舜帝陵

　　沿神道进入山门，经过月台，可见元代献殿，是祭祀舜帝、敬献祭品之地。献殿为元代悬山顶式建筑，前檐通梁长 17.4 米，由一根完整的古杨米搭建，实属罕见。献殿正中悬挂"道贯古今"匾额，殿内高悬"大舜天成""祖德薪传""永歌南风"等匾额。

图 5-36　享厅，运城舜帝陵

　　享厅为清代建筑，是供奉祖先、祭祀神灵的场所。厅前匾额"陟方之所"为雍正元年（1732）安邑知县车敏所题，意为舜帝升天之处。享厅后即为砖砌的方形陵冢。

图 5-37　陵冢，运城舜帝陵

　　舜帝陵冢高 3 米，周长 50 米。陵前嵌有上下两块石碑，上为明万历年间知县邢其任所书"有虞帝舜陵"，下刻"帝舜陵"，据考为元代碑刻。关公祠、鞁首祠列于陵冢东西。关公祠楹联写道：效舜佐尧忠耿耿，助刘复汉义岿岿。陵冢的西边是鞁首祠，在原娘娘殿遗址上重建。①

---

①　张培莲、叶雨青编：《舜帝陵庙》，山西经济出版社 2005 年版，第 12—22 页。

图 5-38　皇城城墙，运城舜帝陵

　　皇城位于陵冢北边约三十米，又名"离宫""离乐城"，取离位享乐之意，相传为大禹所建。《安邑县志》载："舜始封虞，暮思旧邑，禹乃营鸣条牧宫以安之。"附近地名称安邑，寓意舜帝安度晚年之邑。皇城城墙建于清嘉庆二十一年（1816），墙高 6.9 米，东西长 48 米，南北长 112 米。

图 5-39　皇城献殿，运城舜帝陵

　　皇城以内以戏楼、卷棚、献殿、正殿、寝宫为中轴线，东西两侧配以廊房及钟、鼓二楼，构造布局严谨，左右对称。献殿为清代硬山顶式建筑，是祭祀舜帝、敬献祭品的地方。殿前匾额"濬哲文明"乃康熙御笔，赞扬舜帝智慧深远且文德辉耀。殿内高悬宋真宗所题"恭己南面"匾额，旨在学习舜帝端正自身、无为而治的德政思想。

图 5-40　皇城正殿，运城舜帝陵

　　皇城正殿，建造于台基之上，是舜帝上朝的地方。始建于唐代，后毁于战火，元代重建，明初重修。现存建筑基本保持元代结构及风格，重檐歇山顶，斗拱五铺作，面阔五间，进深五椽，为典型的皇宫规制。殿前悬挂匾额"顺亲协帝"，两侧楹联写道："至孝治国世泽悠远，笃亲齐家古风绵长。"

图 5-41　舜帝、稷、契、皋、夔塑像，运城舜帝陵皇城正殿

正殿内泥塑的舜帝坐像，头戴冕旒，身着衮服，身旁站立两位侍女。两侧题有楹联："至孝至忠至正至中以天下之大仁行天下之大公天下第一，笃亲笃敬笃诚笃信以人间之伟德成人间之伟业人间无双。"稷、契、皋、夔四位大臣手持笏板，恭敬站立于两侧，神态庄严，栩栩如生。

图 5-42　皇城寝宫，运城舜帝陵

　　正殿之后修有寝宫，又名"养颐宫"，是舜帝与二妃的起居宫室，可惜已毁于战火。寝宫于 2001 年重建，内塑帝舜、娥皇、女英像，三人端坐于高台之上，神态祥和。

图 5-43　皇城钟楼，运城舜帝陵

　　皇城内有钟楼和鼓楼，为清代歇山顶式建筑。朝来撞钟，夜间击鼓，是古时的一种报时方式，为了使钟鼓声传播更远，所以建造钟楼、鼓楼。可惜旧楼已被毁，今建筑乃重建陵时善举之人所捐，成为舜帝陵庙的重要建筑之一。

八、山东诸城舜庙

图 5-44　舜庙山门，诸城市大舜苑景区

相传山东诸城市诸冯村在秦始皇时期就建有舜庙，经多次重修易址，至今犹存。据舜庙残碑推算，明宪宗年间，有诸城知名人士庄耀等多人，捐资重修过舜庙，舜庙迁至潍河边。清乾隆《诸城县志》云：诸冯村舜庙，未知为何时创立，万历二十七年，知县颜悦道使人泗水取舜庙残碑，旋出旋坠，终不可致。舜庙坐北朝南，正殿三间，东西长十米，南北宽九米，坐落在七级台阶上，殿内舜帝塑像居中，威武而和善。后稷、皋陶、伯益、契分列两侧。①1937 年，时任山东省主席韩复榘对诸冯舜庙进行过修葺，并赠匾，上书"允执厥中"四个大字。1958年，舜庙被改为小学，神像被请出，院内东南角舜井也被填平。1974 年，诸冯一带暴发洪水，村址被迫西移，不久庙亦被毁。

---

① 　王增强、张海艳：《寻找华夏先贤的足迹——诸城大舜文化的变迁》，《山东档案》2013 年第 4 期。

图 5-45　"德泽普施"牌坊，诸城舜庙

　　2004 年 8 月，诸城市委、市政府决定重建舜庙，经济开发区管委会组织实施。今舜庙建有至德殿、睿妃殿、启贤殿、德化碑亭、孝行北亭、钟楼、鼓楼、卿云台、百官桥、"德泽普施"牌坊等建筑。牌坊正中题字"德泽普施"，并刻两副楹联。主联为："和敬克谐德华凌宇润六合，孝义希贤仁慈盈世滋九州。"副联为："天下明德承圣德，古今孝行秉舜行。"

图 5-46　帝舜塑像，诸城舜庙至德殿内

　　舜庙正殿名为至德殿，殿门楹联写道："大哉洪荒启蒙千秋颂，先矣圣德流布万众仰。"帝舜端坐于大殿正中，头戴冕旒，金身披袍，左手握书卷，右手扶膝，身旁站立两侍女。后稷、伯益、皋陶、契分列两旁，形态各异。至德殿四周墙壁绘有帝舜故事壁画，色泽艳丽，绘制精美。

图 5-47　娥皇、女英塑像，诸城舜庙睿妃殿

睿妃殿位于至德殿东，主要供奉娥皇、女英。殿前有楹联："凤凰于飞三光普照，琴瑟相和万户咸宁。"娥皇、女英均为金身坐像，头梳高髻，身披凤袍。殿内四周绘制精美壁画，另外还有两组人物塑像，每组四人。一组为帝舜、娥皇、女英、鞁首，另一组为帝舜、瞽叟、任女、象，分别展现舜与父母、弟妹、二妃的家庭故事。

九、山东菏泽鄄城历山虞帝庙

图 5-48　历山虞帝庙，鄄城阎什镇历山庙村

历山虞帝庙位于菏泽鄄城县阎什镇历山庙村西，始建于何时已无法考证。据古庙碑记载，东汉光武帝年间开始修庙立碑，其后南北朝、北魏、唐、元、明、清各朝皆有修复。庙址原建在历山之上，以山门、善门、马棚、行宫大殿、寝宫殿为中轴线，另有真武庙、华佗庙、玉皇阁、关公庙、钟鼓楼等。近年来，当地民众已修复舜王殿，华佗殿、真武殿，十三家老母殿、舜井等，供奉玉皇大帝、伏羲、神农、黄帝等神祇。古朴的庙门上有"历山虞帝庙"的横额，为国学大师季羡林题写。

图 5-49　舜裔甄氏碑，鄄城历山虞帝庙

　　近年来，海内外帝舜的后裔纷纷到历山庙认祖归宗，举行祭祀帝舜的活动，并捐资修建规模宏大的虞帝大殿。舜帝的后裔姓氏众多，其中甄氏也是重要一支。东汉圈称《陈留风俗传》曰："舜陶甄河滨，其后为氏，出中山、河南二望。"另有关于甄姓起源诸说，皆认同甄姓出于帝舜后裔。此"舜裔甄氏碑"即为甄氏族裔 1995 年前来拜谒舜帝后所立。

图 5-50　舜王塑像，鄄城历山虞帝庙舜王殿

　　舜王殿殿门有山东书法家唐曾宏所题"历山舜王庙"匾额。殿内塑舜王坐像，头戴王冠，身着官服，双手执玉圭于胸前，左右为娥皇女英二妃像。二妃头戴花冠，服饰相同，袖手于胸前，手上遮盖手帕，身旁均有一排手持乐器的侍女。

十、山东济南千佛山舜祠

图 5-51 舜祠，济南千佛山

历山舜祠，又称千佛山舜祠、重华殿、重华协帝殿，位于历山院的东南隅，历史悠久。阮元的《历山铭》生动的描写了历山上的舜祠："楼驾三重，崖县百尺。绕墙虹落，瓦阁云飞。碑头六代，松腰十围。"清道光二十五年至二十六年，商人乔朗斋捐资倡修历山并大事修葺舜祠，"祠庙庄严，尤足妥山灵而宏保障。"[①]原祠堂于2001年改建，是历山院内的主体建筑，也是千佛山上最高的一座庙宇。门口对联为当代书画家范曾所题："古帝谊深情，记得潇湘斑竹泪；娥皇钟隽秀，长怀历下千山泉。"

---

① 张华松、宗爱迪：《历山：大舜文化的圣山》，《走向世界》2014年第43期。

图 5-52　舜帝、娥皇、女英塑像，济南千佛山舜祠

　　根据地方志记载，清代的舜祠内供奉的大舜塑像大约三十来岁，衮冕执圭，为典型的帝王形象，旁边有娥皇女英塑像，珠冠蟒服。今舜祠内中央供奉帝舜塑像，左右两边是他的两位妻子——娥皇和女英。帝舜为三十余岁年纪，着章服，冠冕旒，执镇圭；左右配祀二妃娥皇和女英，凤衣霞帔，两侧站列八位大臣。

十一、山东济南趵突泉娥英祠

图 5-53　娥英祠，济南趵突泉公园

　　娥英祠位于济南趵突泉公园内泺源堂北面，为祭祀舜帝的两个妻子娥皇、女英所建。祠始建于何时已不可考，今存为明代三开间二层的楼阁式建筑。自古以来，济南有关大舜和娥皇、女英的传说和地名很多，北魏地理学家郦道元在《水经注》中说，泺水俗谓之娥英水也，以泉源有舜妃娥英庙故也，可见娥英庙在北魏时已存在。

图 5-54　娥皇、女英塑像，济南趵突泉公园娥英祠

　　娥英祠正中塑有娥皇、女英像，二妃袖手端坐于阁中，面容姣好，仪态端庄，上方悬挂"孝友齐家"的牌匾。二妃身旁各站立一位侍女，一人端着装满水果的盘子，一人正在作揖，似在听候吩咐。两旁立柱上有楹联："二妃同德世运通泰，三泉齐汇天下奇观。"祠内东西两侧有瞽叟、后母、鲧首、象四人塑像，三面墙壁绘有舜与娥皇、女英传说故事的壁画。

十二、山东济南趵突泉三圣殿

图 5-55 尧帝（中）、舜帝（右）、禹帝（左）塑像，济南趵突泉公园三圣殿

　　娥英祠北面为一三开间单层建筑，因其纪念尧、舜、禹三帝而称为三圣殿。殿内正中供奉尧、舜、禹三圣，帝尧居中，均为袖手端坐。东西两侧有尧之四位大臣——四岳的塑像，《史记》载在尧考虑继任者之际，征询四岳意见，"四岳咸荐虞舜"；舜年老时，四岳又推荐大禹，曰："伯禹为司空，可美帝功。"

十三、山东济南舜庙

图 5-56 舜庙，济南宽厚里街区

济南城内舜祠，多称舜庙、舜皇庙，位于古历城县城东，明代济南城舜田门即南门内。历史上几经兴废，多有重修改建，2018 年于宽厚里街区重新对外开放。舜庙大门上悬挂书法家欧阳中石所题"大舜"二字，两旁立柱上有楹联："天下明德舜帝始，神州立国虞朝开。"

图 5-57 影壁，济南舜庙

　　进入舜庙大门，迎面而来的是一个小型影壁。影壁上方悬挂牌匾"一舜百顺"，由"舜"与"顺"的谐音而来，寓意进庙之人心想事成、事事顺心之意。影壁前有一太湖石，前有一鱼缸，缸内印字"舜风舜水"等字样，取祈福、吉祥之意。

图 5-58　生于诸冯，壁画，济南舜庙

　　舜庙内四壁上均有彩色壁画，描绘了帝舜的出身和主要事迹。主要包括"生于诸冯""耕于历山""渔于雷泽""孝闻天下""教化万民""放逐四凶""举贤治国""作南风歌""禅位于禹""卒于鸣条"等经典情节。人物采取平涂勾线的方式描绘，色彩艳丽，形象生动。

图 5-59　孝闻天下，壁画，济南舜庙

此壁画题为"孝闻天下"，描绘文献所载舜青年时期，父母偏爱弟象，致使其备受冷落的家庭遭遇。画面中瞽叟、后面和象三人位于左方，坐于一茶几后，舜一人孤独地跪于右方，正在向父母解释。此类人物布局曾在明代劝惩故事书《人镜阳秋》和清代《圣谕像解》插图中出现过，但插图中舜均为站立作揖的动作。

图 5-60　重华殿，济南舜庙

今舜庙内有重华殿、溯心殿、虞舜文脉等殿宇，内有很多与舜有关的拓本文物，同时介绍了上古时期的先贤名人，显示出济南地区深厚的历史积淀和绵延千年的历史传承。舜庙的主殿为重华殿，殿门上悬挂"重华殿""舜祠"等匾额，门柱上有楹联："大孝功德昭日月，仁恩勋名耀尽天。"

图 5-61　舜耕历山塑像，济南舜庙重华殿

　　重华殿内塑有大舜手持锄头、耕作历山之像，塑像背后是舜耕历山石刻，石刻上方上有欧阳中石所题的"大哉虞舜"的匾额。重华殿两侧有两组塑像，一组以瞽叟、后母、舜、象四人展现"孝感动天"的舜成长故事；另一组以舜、娥皇、女英、大臣四人呈现舜"作南风歌"的场景。两边墙壁上绘有帝舜相关精美壁画，内容涵盖"舜生诸冯""耕于历山""孝感动天""德政天下"等事迹。

十四、山东临沂平邑舜帝庙

图 5-62 舜帝殿，平邑舜帝庙

平邑古舜帝庙历史悠久，虽始建年代不详，但至少在元代已有，不幸毁于"文革"。庙旁有以庙为名的舜帝庙村，是由以前守庙的人逐渐发展成为的村落，曾归属费县，今辖于临沂市平邑县平邑街道。2013 年左右，舜帝庙村人开始重建舜帝庙，主要包括舜帝殿、火神殿、观音殿、舜德堂、碑亭几组仿古建筑。舜帝大殿悬挂谢玉堂所题"舜帝庙"牌匾，左右楹联内容为"舜日尧天万民增福泽，和风甘雨四海沐春晖"。

图 5-63　帝舜、娥皇、女英塑像，平邑舜帝庙舜帝殿

　　殿内正中为舜帝塑像，左右是娥皇、女英像。帝舜端坐正中，头戴冕旒，身着冕服，左手执圭于胸前，右手平放于膝盖。帝舜塑像的眼白明显，体现文献中重瞳的眼部特征。娥皇在帝舜之左、女英居右，头梳髻，着常服。二妃服饰景同，表情祥和。

图 5-64　弃、禹、龙塑像，平邑舜帝庙舜帝殿

　　舜帝大殿两侧有弃、禹、龙、契、皋陶、伯夷塑像，六位大臣的衣着、服饰和动作各有不同，栩栩如生。舜帝按照社会发展的需要重新设置二十二大臣，其中弃即后稷，曾在稷山教民耕种，因此塑造为左手拿着草帽，右手前伸的农官形象。禹手握治水的图纸，体现其最深入人心的治水形象。龙举着令旗和令牌，意为传达命令，接待宾客。《尚书·尧典》记舜在部落联盟议事会中设九官，其一为纳言，由龙担任。契为司徒，主管教化民众，皋陶负责刑罚，因此两人均手持书卷。伯夷负责主持礼仪，手握展开的礼册宣读仪式开始。

图 5-65　"禅位于禹"壁画，平邑舜帝庙舜帝殿

　　殿内东、西、北壁上彩绘有帝舜事迹壁画，内容为帝舜传说主要情节：仁孝动天、舜耕历山、渔于雷泽、舜歌南风、虞舜南巡等。此壁画名为"禅位于禹"，描绘舜禹禅让的仪式过程。画面中舜已为老年，头戴皇冠，身披锦袍，双手捧着王冠，准备禅位于禹。禹仍为治水装扮，头戴草帽，双膝跪地，右手挂锸，左手伸向舜欲接王冠。舜与禹皆位于高台之上，周围云气缭绕，天空站立一乌，远处有一宫室，暗示舜禹禅让乃遵从天意。

图 5-66 "禹舜制陶"壁画，平邑舜帝庙舜帝殿

  殿外墙角的壁画内容为禹舜制陶、禹舜治水，壁画前还有武士持枪站立。此壁画为"禹舜制陶"，画面有四人和许多大小不同的陶罐，舜居中抱着一个大陶罐，展现舜和禹一起制陶的画面。平邑舜帝庙邻近的泗水县柘沟镇，传说中曾是舜帝的制陶之所。

图 5-67　舜德堂，平邑舜帝庙

舜德堂建于舜帝殿旁，装饰古色古香，主要用于接待领导或各地来访者。堂中悬挂着刘其贵国画"舜耕历山"、帝舜画像，以及谢玉堂撰文，吴梦堂书写的《大舜赋》、楹联。刘其贵、吴梦堂皆为山东书画名家，谢玉堂曾任济南市委书记、山东省大舜文化研究会会长。

十五、河南濮阳瑕邱

图 5-68　瑕邱古迹，河南濮阳五星乡堌堆村 ①

　　河南濮阳瑕邱古迹位于城东南九公里的五星乡堌堆村，相传为舜的迁居地"负夏"。当代遗存的濮阳瑕邱古迹包括东西两个土丘，丘上建有舜帝、碧霞元君等庙宇。古迹门口有"负夏名邑"影壁，以及清代李符清所立"瑕邱古迹""瑕邱记"碑两通。

---

　　①　梁臣朝、邱国让主编，寇怀远、赵同法副主编：《中华龙乡·濮阳县》，《濮阳县》编委会，第 17 页。

图 5-69　帝舜故里碑，濮阳瑕邱 [1]

2001 年，世界舜裔宗亲联谊会常委会主席陈守仁先生，在瑕邱南侧竖立汉白玉"帝舜故里"碑。帝舜故里景区以瑕邱古迹为核心，分为祭典大殿、钟鼓楼区、神道等几个部分。

---

[1]　濮阳县地方史志编纂委员会编：《濮阳县志（1980—2000）》，中州古籍出版社 2008 年版，第 84 页。

图 5-70　德政殿，濮阳帝舜宫 [1]

2000 年以后，濮阳县政府为了保护帝舜文化和遗迹，兴建"姚墟纪念馆""帝舜宫"和"舜裔会馆"。帝舜宫包括鼓楼、德政殿、配殿、照壁、"舜裔祖庭"碑刻等。帝舜宫前有"象"雕塑，德政殿内塑舜帝坐像。

---

[1]　梁臣朝、邱国让主编，寇怀远、赵同法副主编：《中华龙乡·濮阳县》，《濮阳县》编委会，第 15 页。

十六、浙江绍兴王坛舜庙

图 5-71　舜王庙，浙江绍兴柯桥王坛镇 [1]

舜王庙位于绍兴城区东南 86 里、嵊州城关镇北 70 余里，小舜江之滨、舜王山之巅，地处绍兴、上虞、嵊州交界处。建庙时间很早，据南朝梁任昉《述异记》载："会稽山有虞舜巡视台，下有望陵祠"，证明早在梁代，会稽山已出现有关舜的陵祠，其方位与今双江溪大舜庙基本符合。庙内石碑记载，清咸丰年间曾有一次重建，同治元年（1862）又有修建。现存舜王庙重建于 1986 年，历时 3 年修建而成。

---

[1]　供图单位：绍兴市文化广电旅游局。

图 5-72　古戏楼，绍兴王坛舜王庙 ①

　　舜王庙主体建筑由山门、戏楼、大殿、后殿构成，两旁为东西看楼，后为配殿。东西看楼外侧有夹弄，其外依据地形各置楼房六间，作为庙内辅助用房。整座建筑汇集木雕、石雕、砖雕技艺于一体，具有典型的清代中晚期风格，对研究民俗学、建筑学及雕刻艺术都有重要价值。②

①　供图单位：绍兴市文化广电旅游局。

②　绍兴县文物保护管理所：《绍兴县文物志》，浙江古籍出版社 2002 年版，第 60 页。

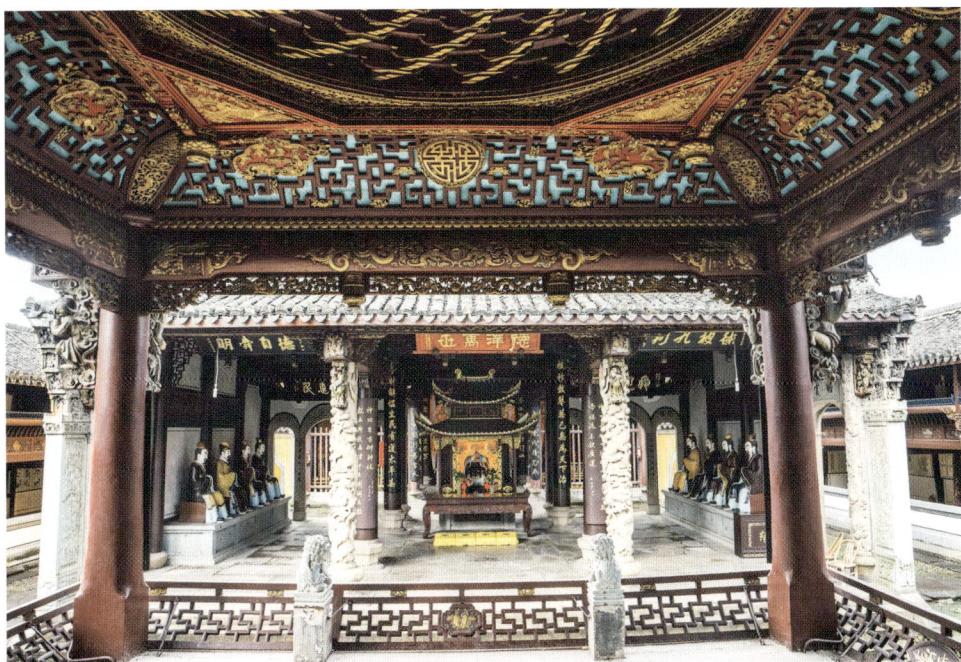

图 5-73　正殿，绍兴王坛舜王庙 [1]

　　舜王庙入门即戏台，台顶飞桅二重，面对正殿。正殿悬挂"德泽万世""德自舜明""德被九州"等匾额，正中塑舜王坐像，两边塑八大臣坐像，形态各异。殿前主石柱四根，中间两根刻云龙，旁边二根刻舞凤。正殿两侧山墙的前端，有石刻西湖十景图。庙宇建筑构件上，遍布砖雕、石雕、木雕，皆出当时高手，造作精细，富丽堂皇。

---

① 供图单位：柯桥王坛镇政府。

图 5-74　舜王、舜王娘娘坐像，绍兴王坛舜王庙后殿 [1]

　　后殿主要供奉舜王和二位娘娘。舜王金身戴冠，手持玉圭，端坐正中。二妃凤冠霞帔，目光下垂。帷幔上写着"舜王大帝""舜王娘娘"等字样。殿内楹联曰："高山仰止景行行止，卿云烂兮糺缦缦兮。"后一句内容来自先秦时期《卿云歌》，相传是舜禅位于禹时，同群臣互贺的唱和之作。

---

　　① 供图单位：柯桥王坛镇政府。

十七、浙江上虞百官大舜庙

图 5-75　百官大舜庙，上虞中华孝德园 [1]

百官大舜庙建于唐长庆元年（821），百官里人为了纪念大舜，在百官上街堰头附近集资建起了舜帝庙，清道光二十三年（1843）和1921年间又多次重修。舜帝庙历来为气势壮观，建筑雄伟的名刹。上虞《舜帝庙志》曾载："绍兴有两大祀：一曰禹庙，在会稽；一曰舜庙，在上虞。"1935年，乡绅谷阳再次发起修葺，修葺后的大舜庙为四进三殿三戏台，庙基宽 23 米，纵深 139 米。抗日战争时期，百官舜庙毁于轰炸。2012 年，大舜庙得以重新建成。

---

[1]　供图单位：绍兴市文化广电旅游局。

图 5-76　大舜青铜坐像，上虞百官大舜庙大舜殿 [1]

　　大舜殿塑大舜青铜坐像，像高 7.5 米，基座 2 米，总高 9.5 米，引寓帝舜九五之尊之意。大舜神态端庄威严，一手擎天，一手护膝，目光炯炯有神，似乎正在会见百官、选贤用能。

---

　　① 供图单位：绍兴市上虞区政府。

图 5-77　虞舜宗祠，上虞中华孝德园 [①]

　　虞舜宗祠采用明清时期建筑风格，为木结构建筑，分前后二个院落，由大殿、戏台、看楼、寝殿、南北厢房等组成。其中木雕件由工艺美术大师陆光正先生设计制作，题材取自二十四孝故事、百孝故事和大舜故事，技艺精湛。虞舜宗祠大殿悬挂"万世风徽"匾额，左右楹联曰："古今正气氤氲斯文未断，来往仁风浩荡大道不孤。"殿内塑舜帝、舜帝父母、帝尧等人蜡像，讲述舜帝的家庭故事，并营造尧王访舜的场景。

---

　　① 供图单位：绍兴市文化广电旅游局。

图 5-78　舜耕群雕，上虞中华孝德园 ①

　　"舜耕"群雕以"象耕鸟耘"图像主题讲述帝舜成长神话，由九只大象和六只小象组成，采用白花岗岩雕刻而成。每座象雕均有吉祥纹饰布刻周身，象耳、象身处均有传统凤纹缠绕。舜昂首立于最后一尊象雕脊背之上，左手扶犁，右手擎托日月星辰，气宇轩昂。此群雕由美术大师韩美林先生所创作，是目前亚洲最大的石象群雕。

---

　　① 供图单位：绍兴市文化广电旅游局。

十八、湖南宁远九疑山舜帝陵

九疑山舜帝祭祀大庙始建于夏代，秦朝时迁于玉琯岩前，东汉王莽曾大规模修建。唐宋时期的建筑规模比现在要大很多。明初，舜庙移至舜源峰下，清代有过多次修葺扩建。民国以后因年久失修，几近荒废。20世纪90年代，湖南省永州市、宁远县斥巨资进行修复，恢复明清时期风貌。

今九疑山舜帝陵陵区由陵山、舜陵庙、神道及陵园组成，占地600余亩。陵山舜源峰上小下大，呈覆斗状，海拔600余米，气势恢宏。山北麓建有陵庙，坐南向北，分为前后两重院落，五进建筑，规模宏大。陵庙内建有山门、午门、拜殿、正殿、寝殿、厢房。陵庙外有200米长的神道。陵庙祭碑廊内保存的历代祭碑36方，是珍贵的历史文物。[2]

图 5-79　舜帝陵，湖南宁远九疑山 [1]

---

① 湖南省舜文化研究会、湖南省舜文化研究基地、九疑山舜文化研究会编，陈仲庚等整理：《虞舜大典·图像卷》(上)，岳麓书社2018年版，第9页。

② 湖南省地方志编纂委员会编：《舜帝陵志》(上)，方志出版社2018年版，第113—121页。

图 5-80 舜帝塑像，九疑山舜帝陵正殿[1]

舜帝陵正殿悬挂"德泽神州"匾额，门柱楹联："事亲孝待弟仁耕历陶河风雨不迷大麓，任贤能流逆恶爱民勤政梧疑永记南巡。"殿内舜帝坐像高 3.3 米，乃雕塑家吉信和吴慧中于 1988 年所塑。舜帝金身戴冠，左手扶膝，右手持剑，端坐于殿内高台，背后绘有"万山朝舜图"，周围墙上有舜迹图壁画。

---

[1] 湖南省舜文化研究会、湖南省舜文化研究基地、九疑山舜文化研究会编，陈仲庚等整理：《虞舜大典·图像卷》（上），岳麓书社 2018 年版，第 23 页。

图 5-81　舜源峰，九疑山舜帝陵 [1]

　　九疑山主峰是舜源峰，海拔 610 米，居中间位置，娥皇、女英、桂林、杞林、石城、石楼、朱明、箫韶八峰如众星拱月，簇拥着舜源。相传舜源峰因舜帝驾崩后葬于山脚下而得名，娥皇、女英死后遂化作两座山峰，护立在舜峰的两旁。清人徐旭旦曾作诗《舜源峰》："万笏朝天拱舜源，诸峰臣伏似儿孙。重岩竞秀迷岚影，远树横秋带雨痕。暖曛千盘摇日观，空青一片入昆仑。谁传帝寝成疑史，点点湘娥螺黛存。" [2] 九疑山境内另有斑竹岩、舜池、舜溪等遗迹，皆与舜帝奏九韶之乐及二妃挥泪斑竹的传说有关。

---

① 湖南省舜文化研究会、湖南省舜文化研究基地、九疑山舜文化研究会编，陈仲庚等整理：《虞舜大典・图像卷》（下），岳麓书社 2018 年版，第 682 页。

② （明）蒋鐄纂、（清）吴绳祖修，（清）王开琸纂：《九疑山志（二种）》，岳麓书社 2008 年版，第 198 页。

图 5-82　2000 年 9 月 9 日，永州市公祭九疑山舜帝陵 ①

　　改革开放以来，政府、学术团体以及后裔宗亲团等在九疑山开启了祭祀舜帝、寻根问祖的热潮。从 20 世纪 90 年代开始，共举行过 12 次大规模的祭舜活动。2000 年 4 月 4 日，宁远县人民政府在九疑山公祭舜帝陵，是新中国成立以来的第一次正式的官方祭舜活动。同年 9 月 9 日，永州市政府举办了规模空前的祭舜大典。

---

　　①　湖南省宁远县《九疑山志》编纂委员会编：《九疑山志》，方志出版社 2005 年版，第 41 页。

图 5-83　福建泉州谒陵团向舜帝像敬献贡品，2001 年清明节[1]

　　福建的帝舜民间祭祀活动，几乎与官方祭祀具有同样悠久的历史。民间组织的九疑山祭祀活动持续几千年，至今香火不断。福建一带的舜帝后裔把每年 3 月 15 日定为舜帝生日，祭拜时将自己姓氏的祖宗牌位或画像放置神堂一同祭祀，在仪程、音乐、祭品方面也有固定规制。

---

　　① 湖南省地方志编纂委员会编：《舜帝陵志》(上)，方志出版社 2018 年版，第 287 页。

十九、广西桂林虞帝庙

图 5-84　虞帝庙，桂林虞山公园①

　　桂林虞帝庙位于虞山公园内的虞山南侧，又称舜祠。北宋《太平寰宇记》载，舜帝南巡时曾到过今桂林城北的一座孤山，还游览了北麓的水潭；故后人将山、潭分别称为虞山、皇潭，把虞山北洞称为韶音洞，从秦汉时期开始建舜帝庙奉祀，成为桂林最早的庙宇。②唐建中元年（780），桂州刺史李昌夔重建舜庙，有韩云卿撰文、李阳冰篆额、韩秀实隶书的《舜帝碑》，刻于庙后岩壁，后人称之为三绝碑。宋代至清代，舜庙迭经鼎新，均有石刻记载。宋淳熙二年（1175），张栻任静江知府时，组织修复虞帝祠，请朱熹作《静江府新作虞帝庙碑》镌刻在虞山上，记载张栻重修虞帝庙的经过。张栻还在虞山东麓建一亭，取名为"南薰亭"。虞山由此益为桂林山水名胜之大观，以"舜洞薰风"列为桂林八景之一。元代，广西道肃政廉访使也儿吉尼重修虞帝祠和南薰亭。明清两代，虞山的祠庙和南薰亭均有修葺。民国时期，因战乱曾一度荒废。

---

① 供图人：覃霄。
② 陈听正、肖建刚主编：《广西通志·旅游志》，广西人民出版社 2003 年版，第 116 页。

图 5-85　虞帝庙大门，桂林虞山公园 ①

　　虞帝庙于 1996 年修复重建。大门上方悬挂匾额"虞帝庙"，左右楹联为"圣殿重光扬吟德，名山永秀沐薰风。"大门前建有"官运""财运""平安"三座桥，寓意吉祥。虞帝庙正殿塑虞帝像，娥皇殿和女英殿分别塑娥皇、女英殿像，并绘制精美壁画，另有南薰亭、闻韶楼、仰尧亭等景观和众多石刻遗迹。

①　供图人：覃霄。

图 5-86　虞帝像，虞帝庙正殿 [①]

　　虞帝庙正殿殿门悬挂"德泽仁辉"匾额，门柱上有楹联："勤政亲贤地被圣德，倡廉治宇民济天风。"正殿内虞帝端坐于高台之上，头戴高冠，着金色袍服，身上挂有玉璧，手握如意，目视前方，沉稳淡定。

---

　　① 供图人：覃霄。

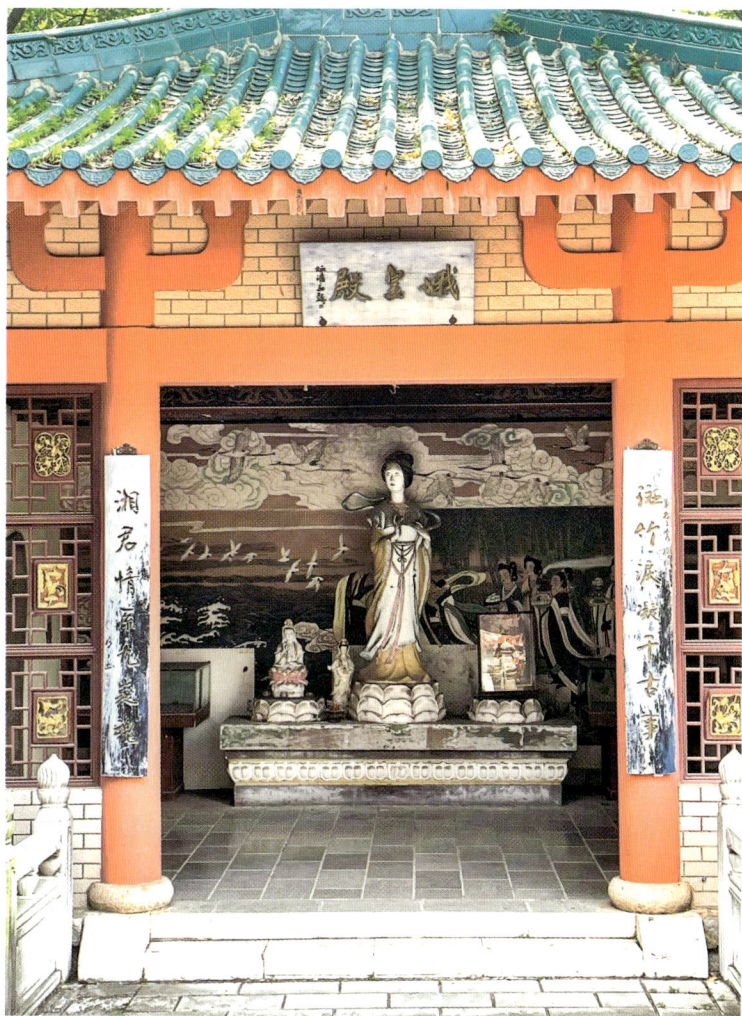

图 5-87 娥皇塑像，虞帝庙娥皇殿 ①

　　虞帝庙正殿两侧是娥皇殿和女英殿，殿内均有塑像和壁画。娥皇殿楹联写道："斑竹泪凝千古事，湘君情系九疑魂。"娥皇面白如雪，挽发垂髻，着白色襦裙，双手置于胸前，侧身向右站立于莲台之上，似在思念葬于苍梧的舜帝，身后墙上绘有舜帝与二妃故事壁画。

---

① 供图人：覃霄。

图 5-88　女英塑像，虞帝庙女英殿 ①

　　女英殿楹联写道："虞山有幸祀贤女，湘水多情慰落英。"女英造型与娥皇相似，侧身望向左前方，与娥皇方向相反，形成动态对比。女英衣带飘逸，温婉凄美，与身后壁画融于一体，精美绝伦。

二十、广西梧州白云山神鹿台

图 5-89　双鹿雕塑，梧州白云山神鹿台 ①

　　广西梧州白云山景区建有"神鹿台"和"光华亭"等纪念舜帝的建筑。神鹿台上塑有双鹿雕塑。据《神鹿台记》碑刻可知，相传舜帝南巡时，有双鹿相伴左右，至苍梧之野舜帝不幸病故，万民大恸，双鹿尤为悲切，后来跳下白云山下的桂江逆流而上，途遇娥皇、女英二妃，跪报噩耗。二妃听到噩耗悲恸万分，伤心的眼泪洒落在竹子上，挂上斑斑点点的泪痕，成了斑竹。二妃投湘水殉帝，双鹿随之。光华亭取自舜帝《卿云歌》中"日月光华，旦复旦兮"。亭内竖立《舜帝南巡纪功碑》，正面镌刻舜帝南巡事迹，背面线刻舜帝画像。

---

　　① 供图人：黄坤相。

二十一、广东韶关丹霞山韶音亭

图 5-90 韶音亭，广东韶关丹霞山 ①

　　广东韶关市丹霞山有韶音台，台上建有韶音亭，传说舜帝南巡时曾在此演奏韶乐。另外，韶关市曲江区曾建有舜祠，相传虞舜帝南巡至皇冈山麓，此为南巡最后一站，故旧有翠华亭、虞帝祠、舜峰寺、皇潭泉等舜帝遗迹。

---

　　① 湖南省舜文化研究会、湖南省舜文化研究基地、九疑山舜文化研究会编，陈仲庚等整理：《虞舜大典·图像卷》，岳麓书社 2018 年版，第 354 页。

第六章　帝舜当代创意图像

一、概　述

在陵庙图像景观恢复重建的基础上，我国不少地方政府因地制宜，打造旅游景观和人文主题公园，鼓励帝舜塑像、浮雕、景观、邮票、剪纸、影视剧等形式的文艺创作，大力推广帝舜图像叙事，以起到恢复重建帝舜文化的目的。

帝舜图像在各地宣传、推广过程中，往往发挥了地方特色名片的功能。尤其是各地新建的帝舜塑像，充分体现了帝舜文化的在地化特征，成为传播各地帝舜文化的标志性符号。总体来看，帝舜个体塑像通常体量较大，造型精美，气势磅礴；帝舜家庭塑像往往涉及人物众多，致力于在场景营造中表达帝舜神话传说中的经典情节，更容易构成独具特色的地方景观；帝舜浮雕则以连续叙事的方式，展现丰富多彩的帝舜生平故事。一般每幅为一主题，按照时间顺序依次呈现，更为细致完整的实现对帝舜神话故事的图像叙事。同时，邮票、剪纸等也是帝舜图像的有力补充，它们能够寓教于藏、寓孝于乐，使帝舜文化更加喜闻乐见，也更贴近百姓生活。

不仅如此，各地文化机构还积极出版帝舜故事少儿绘本和漫画，对青少年进行德育宣传。帝舜故事的少儿绘本可以提高帝舜图像的识别度和认同度，将舜文化之精髓以图像的形式融入青少年教育中，培养新时代青少年正确的世界观、价值观、人生观，加强他们对中华历史以及优秀传统文化的理解与热爱。比如在山东，关于大舜题材的电视剧、京剧、话剧等影视作品不断被推出，弘扬帝舜文化，推广中华美德和传统思想，对当地构建和谐社会文化有着强烈的现实指导意义。

二、塑 像

图 6-1 舜歌南风，雕塑，永济舜帝山森林公园

　　此塑像位于山西永济舜帝山森林公园朝舜广场，基座之上镌刻"舜歌南风"四字。舜靠山而立、站于祥云之端，一手高举，一手平摊，有风雷不迷、拨云见日的气魄。舜倚靠的山石上刻有《南风歌》，其云："反彼三山兮，商岳嵯峨。天降五老兮，迎我来歌。有黄龙兮，自出于河。负书图兮，委蛇罗沙。案图观谶兮，闵天嗟嗟。击石拊韶兮，沦幽洞微。鸟兽跄跄兮，凤凰来仪。凯风自南兮，喟其增叹。南风之薰兮，可以解吾民之愠兮。南风之时兮，可以阜吾民之财兮。"诗歌内容与塑像相得益彰，体现了舜为民思虑、治国辛劳的品质。

图 6-2 舜帝，雕塑，永济舜帝广场

　　帝舜头戴冠冕，上衣下裳，交领右衽；长袍深袖，腰束宽带；左手平抬似抚剑，右手上举似执珪；须髯整饬，威严肃穆。塑像于 1996 年 10 月由新加坡帝舜后裔姚志腾捐建，基座上刻赵望进题字："尧赐舜琴，鼓舜高歌。天下一人饥则我饥，天下一人寒则我寒。"

图 6-3 大舜，雕塑，济南泉城广场 ①

　　此塑像位于山东济南泉城广场的历代名人群像长廊。大舜头戴冕板，神情严肃，目光如炬；肩披斗篷，交领右衽，腰系长带，带结垂于腰侧，脚着尖头靴。大舜左手握拳，右手微抬，拇指与无名指轻搓，从容坚定，临难不苟。塑像基座上镌刻了关于大舜的中英文简介。

---

　　① 供图人：孙宝。

图 6-4　虞舜，雕塑，诸城名人馆

　　《孟子·离娄下》载："舜生于诸冯，迁于负夏，卒于鸣条，东夷之人。"诸冯一说为山东省诸城市诸冯村。因此，舜作为诸城最重要的名人，其塑像置于诸城名人馆内。舜满脸须髯，面容沧桑，右肩扛着耕犁，左手握持罗盘，腰间挂着乐器，足见娴熟掌握耕种犁田、勘察地形、吹奏音乐等各项技能。其上身着坎肩，臂膀裸露，肌肉壮硕发达，腰缠宽带，脚着草鞋，一副风尘仆仆、勤勉睿智的农夫模样。

图 6-5　帝舜，雕塑，菏泽鄄城县舜王城药材市场

该塑像立于山东菏泽鄄城县舜王城药材市场正门口。舜王城村位于鄄城县东南部，徐河北岸。当地人认为，舜王城是舜的出生地，舜为王之后，曾把此地建成小邑，故名舜王城。帝舜塑像以背山而立为基本形象，相貌威严，交领右衽，长衣宽袖，腰系长带。身后站一小象，帝舜以手抚摸象头，以示亲昵；另一手作下按状，寓意安抚众心、稍安勿躁，凸显其引领万民、安治天下的气魄。

图 6-6 帝舜，雕塑，平邑舜帝庙村

　　此帝舜塑像立于山东平邑舜帝庙村舜帝文化广场。平邑舜帝庙村由以前看守舜帝庙的人逐渐发展而成为村落。舜帝塑像头戴通天冠，身披斗篷，长袍宽袖，交领右衽，眼光远眺，神情凝重。其左臂拥剑，右手叉腰，脚着方头朝靴，望之俨然，令人肃然起敬。广场上除了塑像，其文化长廊还绘有关于舜帝故事的浮雕和木板画，供当地村民与观光游客在广场锻炼、休憩、考察时观摩。

图 6-7　文明之光，雕塑，济南千佛山

　　济南千佛山上兴建了众多的帝舜文化景观，如"历山溯源"主题园、"尧帝访贤"主题广场、大舜石图园、卿云轩、南风亭、思亲亭、闻韶台、《舜典》刻石等，以建筑、雕塑的形式生动地展现了帝舜神话场景。"文明之光"是"历山溯源"景区的主题景观，雕像高达四米。舜手扶耕犁，靠近大象而立；大象扬鼻奋进，助舜耕田。舜的另一侧站立一对青年男女，女青年双手抱持簸箕，男青年一手扬起，赤脚而立。两只凤凰拥簇在这一对男女身边，青年男子脚下堆满了谷穗、陶罐。群雕中帝舜器宇轩昂，意气风发，男女青年则朝气蓬勃，干劲十足，体现了舜耕历山时对当地民众的凝聚力和感召力。

图 6-8　尧帝访贤，雕塑，济南千佛山

　　"尧帝访贤"主题广场，位于千佛山索道下站东北侧，广场设有"尧帝访贤"雕塑一组，包括人物雕塑三个，东夷图腾石一块。尧王居中，身后站立一书童，舜身背草帽，正对到来的尧王作揖。"尧帝访贤"是帝舜图像谱系中的重要主题，历代绘画与插图中经常表现这一场景。相传尧帝为培养自己的接班人，向天下招募贤能，在知悉坚守孝道而闻名天下的大舜后，曾经亲自去到民间进行寻访，在田间遇到年轻的大舜。

图 6-9　舜帝抚琴，雕塑，济南千佛山

卿云轩为清式歇山式仿古建筑，其上有楹联"高山仰止景行行止，卿云烂兮
纠缦缦兮"。上联出于《诗经·小雅·车辖》，下联出自《尚书大传》，其载："舜
为宾客而禹为主人……于时卿云聚，俊乂集，百工相和而歌《卿云》，帝乃倡之
曰：'卿云烂兮，纠缦缦兮，日月光华，旦复旦兮。'""卿云"即彩云之义，是
舜治天下的祥瑞象征。卿云轩以此为名，中间为"舜帝抚琴"雕塑。舜坐在轩内
桌案旁抚动琴弦，所弹之曲当为《卿云歌》。舜旁边有一仆僮侍立，静静聆听，
营造出静谧和谐的氛围。

三、浮 雕

图 6-10　娥英水长，紫铜浮雕，济南护城河

位于济南护城河岸的"娥英水长"紫铜浮雕，内容围绕帝舜及娥皇、女英的传说展开，自东向西表现了"神乌负日""诞育重华""大孝格亲""耕于历山""渔与雷泽""陶于河滨""贩于成阳""重华协帝""虞庭赓歌""水绕鹊华""松韵南薰""娥英水长"等 12 个典型情节。

图 6-11　舜文化内涵——治政在德，铜雕，济南经十一路

　　济南经十一路"舜文化"铜雕，位于千佛山脚下，一共六幅。主要宣传舜文化内涵与精神，主题分别为"舜文化缘起""舜文化内涵——治政在德""舜文化内涵——为人在德""舜文化内涵——持家在德""舜文化精神之魂——重教化""舜文化精神之魂——德为先"。该铜雕中，帝舜目带重瞳，头戴冕旒，方心曲领，不怒而威，人物造型显然受到宋明帝王像赞版画的影响。

图 6-12　舜文化内涵——为人在德，铜雕，济南经十一路

该浮雕主要表现了帝尧访舜的故事。画面正中帝尧拱手作揖，向舜致意，其一侧有一名仆僮侍立。舜身背斗笠，弯腰回礼，周围则是历山、祥云、太阳、飞鸟、树木、农田等自然景象，与清代版画的"孝感动天"构图程式相近。

图 6-13　舜耕历山，浅浮雕，永济舜帝广场舜帝立像基座

　　该浮雕故事分为三个层次：浮雕左上方为储藏粮食的仓廪、库房。舜一手执握耜柄，一手指向几位耕作的年轻男子。他们有的蹲在地上，抬头看向舜的手势，静静接受指导；有的挥舞锄头，垦荒除草。浮雕中层为众人以象耕、牛耕并行的画面。浮雕下层则为丰收的场面。一梳着双髻的女子将一束谷物的禾穗搭在肩头，旁边三位青年则将庄稼抱在胸前，浮雕右下角为一位青年农夫向另一位双手进献盛水的容器，有犒劳之意。上述浮雕展示了舜指导使用农具，运用牛、象畜力耘田，以及收割庆祝丰收的三个画面，展示了"舜耕历山"的主要内容。

图 6-14　尧、舜、禹，河东历史人物浮雕局部，运城盐湖区南风广场文化长廊

　　"历史文化长廊"位于山西运城南风广场东侧，主要展示"河东著名历史人物群雕"，共计四十三人。上古时期主要包括女娲、蚩尤、帝尧、帝舜、大禹等。其中，帝舜浮雕采取舜抚琴而歌的方式，其旁凤凰翔舞，黄牛力耕，展示了帝舜的主要功绩。

图 6-15　舜居妫汭，舜帝故事浅浮雕局部，永济舜帝山森林公园

　　"舜居妫汭"浅浮雕以《尚书·尧典》"釐降二女于妫汭，嫔于虞"以及《史记·五帝本纪》"是尧乃以二女妻舜以观其内，使九男与处以观其外。舜居妫汭，内行弥谨。尧二女不敢以贵骄事舜亲戚，甚有妇道。尧九男皆益笃"为据。浮雕正中舜站在岸边，左袒露胸，臂膊雄健有力。其仰头右望，傲视妫汭河中的滔天巨浪。河边有土丘、桑树，寓意舜在此与娥皇、女英勤于耕织。

图 6-16　舜帝故事汉阙，浅浮雕，永济舜帝山森林公园

　　此浮雕以《史记·五帝本纪》"瞽叟尚复欲杀之，使舜上涂廪，瞽叟从下纵火焚廪，舜乃以两笠自扞而下，去，得不死"的记载为故事原型设计。浮雕中顶部的火焰喻示仓廪着火，舜双手持斗笠，纵身跃下。其衣摆随风舞动，双腿微屈，凤凰鸟左右各一，紧承其下，将其平稳托举，最终使之转危为安。浮雕构图生动，情节紧张，帝舜遇火逃生的神异令人惊叹。舜帝山森林公园共有类似汉阙四座，每座汉阙下方四面均刻有不同内容的舜帝故事。

图 6-17　虞舜盛世图·贤才治国，浮雕，运城舜帝陵德孝广场

　　运城市舜帝陵景区分舜帝大道、德孝广场、舜帝公园、舜帝陵庙四大部分。舜帝公园位于运城舜帝陵前部，德孝广场因弘扬舜帝德孝而命名，世界姚氏宗亲联谊会曾出资参与修建。围绕广场中心喷泉刻有十二幅"虞舜盛世图"浮雕，内容分别为：鸣条胜迹、禹治洪水、百谷时茂、德化万民、皋陶作士、忠孝仁爱、巡狩考绩、九招之乐、抚琴歌风、远客朝舜、禅让天下。此浮雕题为"贤才治国"，画面中舜站立左方，左手指向禹、皋陶、后稷、夔、契等一众大臣，正与他们讨论治国大事。

图 6-18　舜帝故事，浅浮雕，运城盐湖区博物馆"虞舜文化专题展览"

　　盐湖区博物馆成立于 1958 年 10 月，2007 年 1 月搬入舜帝陵景区新馆。馆内"虞舜文化专题展览"的展厅面积 720 平方米，展线 350 米。展厅入口处即有大型铜制浅浮雕，分别展现"尧王访贤""贤才治国""舜歌南风""百谷时茂""巡守考绩""仁爱天下"等主题。

图 6-19　帝舜后裔姓氏，浅浮雕，运城盐湖区博物馆"虞舜文化专题展览"

　　20 世纪 80 年代，海内外舜裔宗亲回大陆寻根拜祖，形成追寻祖先遗迹的热潮。其中舜帝后裔中陈、胡、袁、姚、虞、田、王、孙、陆、车十姓联宗形成的世界舜裔宗亲联谊会，形成了强大的聚合力量。这些活动旨在促进寻根问祖，推动两岸交流及祖国和平统一大业。

四、景　观

图 6-20　彩虹门，运城舜帝陵景区

　　此为运城舜帝陵景区中的舜帝公园大门，又名彩虹门。相传舜帝母亲握登上山砍柴时，忽见天空飞来一道美丽的大虹，此大虹是天神所化，飞入握登之腹，而后便生帝舜于姚墟。因此在舜帝陵景区大门的上方特设一道七彩长虹，以此景观讲述帝舜不同寻常的感生神话。

图 6-21　舜帝一生故事，多面体景观，运城舜帝陵景区

此多面体景观一体四面，形式新颖，以"舜帝一生故事"为题载述了舜不同时期的传奇经历，包括"孝闻天下""帝尧试舜""陶于河滨""放逐四凶""作《南风歌》""尧舜禅让"等等。每幅画面均采取上图下文的方式，以简洁的文字和生动的图画揭示图文主旨，令观者对帝舜生平事迹一目了然。

图 6-22　德圣孝祖，剪纸景观，运城舜帝陵景区

此景观别出心裁，在左右对称分布的祥云型木架上各置三个圆木圈，在木圈中设置剪纸构图，每一个构图代表一则帝舜故事。分别为："舜耕历山""火烧成凤""填井成龙""称帝拜父""抚琴《南风歌》""德圣孝祖"等等。

图 6-23　石耒，雕塑，济南千佛山

　　"历山溯源"景区位于景区东门至桃园区域，以雕塑小品的形式，体现历代名士及典籍中对舜耕历山在济南的认定与论证。区域内分别设有"舜耕历山""石耒""玉璧""玉璜""文明之光"等雕塑。此雕塑以石耒为造型，结合《史记》文字和场景浅浮雕，展现"舜耕历山"的神话传说。

图 6-24 象，雕塑，济南千佛山

两组象雕塑为"历山溯源"景区的主题景观之一，与"文明之光"主雕塑呼应。园中设置两头大象与一头幼象，雄象站在园区入口一侧，扬鼻长啸；雌象与幼象相依偎，幼象用鼻子蹭着雌象耳朵，雌象则用鼻子轻抚幼象的前脚。通过大象一家三口的和乐场景，折射舜驯服大象用以助耕的高超能力。

图 6-25　大舜石图园，济南千佛山

　　大舜石图园以圆形石砌地面上竖立石柱九根，每根高八米，皆为花岗石质，其形四方，自然平面，不加琢磨，寓意图腾。九根石柱上刻的内容分为神话、传说、古史系列。神话系列为中心，石柱上刻有凤凰、三足乌、夸父逐日、羿射九日、嫦娥奔月、泰山玄女、黄帝战蚩尤等故事。传说系列，刻有象耕鸟耘、渔雷泽、淘河滨等故事。古史系列，刻有尧帝求贤、四岳荐舜、大禹治水等故事。

图 6-26　闻韶台，济南千佛山

此闻韶台取自《论语·述而》篇记载"子在齐闻韶，三月不知肉味"的典故。韶乐是舜时一种非常高雅的乐舞，春秋时在齐国流行。孔子听后惊叹至极，发出了"韶，尽美矣，又尽善也"的慨叹。闻韶台柱子上刻有两幅楹联，主联为"帝舜躬耕处，韶乐舞薰风"，副联为"琴瑟友之钟鼓乐，凤凰归矣潇湘吟"。

图 6-27 文明之源，牌坊，永济舜帝山森林公园

舜帝山森林公园位于永济市舜都大道南端，中条山历山山系舜帝山北麓。当地相传舜在此山饮泉水，故在公园门口建"文明之源"牌坊。牌坊楹联上书："五千年圣迹凌怀，舜都远启中华史；八万里文光烁日，条山高撑永济天。"牌坊后是朝舜广场，中央立一方石墩景观，上用篆书题刻"舜都蒲坂"四字。舜帝山有虎王山，以及"舜开一线天孝传后世"的景点。当地相传舜先制服虎王，才开始"耕历山、渔雷泽、陶河滨"。因此，舜帝山是舜由平民走向君王的开始。

图 6-28　尧天舜日，牌坊，菏泽牡丹区尧舜故里景区

　　菏泽市牡丹区胡集镇"伏羲桑梓尧舜故里"景区，又名尧舜禹主题公园。据称，今胡集镇就是上古时期的雷泽成阳。从 2016 年起，每年春秋二季在胡集镇尧王寺村祭祀广场举行公祭尧舜大典。景区附近的尧王寺村建有尧庙，大殿里塑有尧王、舜王和禹王塑像，民众常常前往祭拜。此牌坊六柱五门，题为"尧天舜日"，位于景区大门。

图 6-29　伏羲桑梓尧舜故里，石刻，菏泽牡丹区尧舜故里景区

　　此为景区名称"伏羲桑梓尧舜故里"几个金色大字刻于一块横向石碑，背面刻着 2013 年 11 月习近平主席视察菏泽时的讲话："菏泽，传说是伏羲之桑梓，尧舜之故里，先为商汤之京畿，继属曹国之疆土吴起、范蠡、曹植、黄巢、宋江等历史人物都同这里有密切关联，有深厚的历史文化积淀。"习主席讲话刻于石碑，既肯定了菏泽悠久的人文历史，又可提升地方知名度，并供来人瞻仰学习。

图 6-30　谷仓景观，临沂平邑舜帝庙村

　　舜帝庙村位于平邑与泗水交界处，因看守舜帝庙而逐渐形成村落。据称，村里还有与舜帝传说相关的"跃牛沟"，历山就在村西不远处，村北有雷泽湖旧址，现已干涸成为田地，当地人仍称之为"湖地"。此景观位于舜帝庙村村口，一个黄色谷仓上题有金色的"舜帝庙"字样，谷仓顶部装饰有草棚顶，下部有一大一小两个车轮，既是呼应文献中舜治仓廪的情节，又是纪念舜帝对农业耕种作出的贡献。

图 6-31　凤舞，雕塑，运城盐湖区南风广场

　　运城盐湖区南风广场在运城市政府西侧，因舜作《南风歌》而得名。广场南端有八根汉白玉雕蟠龙柱，每根柱上有五龙蟠绕，象征《尚书·洪范》所言"五福"（一曰寿，二曰富，三曰康宁，四曰修好，五曰考终命）。集会广场南端为红色主雕塑"凤舞祥韵"，高达 21 米，寓意运城在改革开放时期的振兴。该雕塑基座上镌刻由赵朴初书写的帝舜《南风歌》。

五、木　雕

图 6-32　舜耕历山，木雕，济南舜庙

　　舜耕历山是帝舜成长神话中的重要情节，也是帝舜图像中的经典主题。此木雕中的舜为中年，左手持锄，右手叉腰，右肩袒露，背靠着历山的树木山石，正在历山辛苦劳作。此木雕陈列于济南宽厚里舜庙，人物造型生动传神，雕刻精美，寓意深刻。

六、泥　塑

图 6-33　舜井，泥塑，济南趵突泉泺源堂

　　此泥塑陈列于济南趵突泉泺源堂中，左方塑有一口大井，右方有瞽叟、后母、象三位人物。瞽叟坐于井边，后母站立于屋旁，象站在一口塞满石块的小井边上，正弯腰观察井中状况。此场景主要表现舜奉命浚井，象趁机盖石、掩土，妄图迫害舜，而舜从另一相连井中逃出的情节。

七、书　画

图 6-34　雷泽捕鱼，国画，济南舜庙

　　国画《雷泽捕鱼》，描绘舜沿着济水上溯至雷泽，然后在当地发展渔业的情节。他教会当地人织网打鱼，众人团结互助，和谐相处，共同生活。画面中泽畔有一排茅草房，房外搭了一些木架用于晒网、晾鱼。舜头戴发箍，外衫左袒，赤膊、赤脚，反手拖住渔网主绳，即将用力甩出，其身后的女子神态安闲，一副成竹在胸的模样。居中的一对青年男女蹲在地上，静候舜出手撒网；右侧方的一对男女中，女子俯身曲臂，恭请舜示范捕鱼，身旁的男子则一边远望，一边鼓掌，对舜的示范大声叫好。此画人物刻画逼真活泼，充满生活气息。

图 6-35　属意大舜，国画，济南舜庙

　　此为国画《属意大舜》，在屋舍之前的菊花丛中，站于众人之首，穿暗红色左袒衫者为舜。其以发箍束发，须髯络腮，一副年富力强的中年男子形象。身后男男女女或斜挎弓箭，或叉腰而立，大都面带微笑，目光坚毅。他们无一不是舜的追随者。因舜深孚众望，这才引起了尧帝注意，经过多番考察，决定将王位禅让给他。

图 6-36 舜耕历山,国画,平邑舜帝庙舜德堂

　　此幅国画《舜耕历山》由刘其贵绘制,悬挂于平邑舜帝庙舜德堂。画面并不只以山水画的手法描摹历山自然的风光,右方还绘制了舜和大象历山犁耕,以及手持耒耜的大禹治水场景。

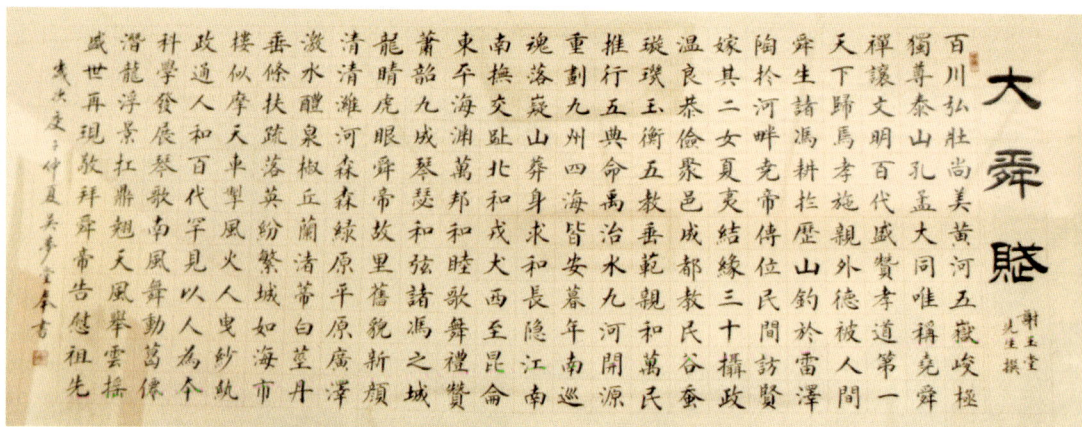

图 6-37　大舜赋，书法，平邑舜帝庙舜德堂

　　《大舜赋》由谢玉堂撰文，吴梦堂书写。谢玉堂曾担任山东省大舜文化研究会会长，撰有《论大舜》等著作。该赋撰于 2009 年 7 月 7 日中国（诸城）大舜文化节。吴梦堂乃山东书法名家，中国孔子书画研究院副院长、中国孔子书画家协会副主席。

图 6-38　舜耕历山，场景，诸城名人馆

此《舜耕历山》场景由墙面油画和土地实景组合而成。墙面油画中，舜头戴冕板，肩扛耕犁，大象雌雄各一，还有一头幼象追随雌象身侧，一同协助舜犁地。舜身后有一对中年妇人，一手将簸箕靠在腰间，一手从簸箕中取出种子洒向沟陇。远处有农夫牵牛犁地，仙鹤群飞，帮助播撒种子。弧形的墙面油画加上前方的土地实景，呈现了繁忙的春耕景象，也再现了"象耕鸟耘"的神异传奇。

八、邮 票

图 6-39　孝感动天，邮票，中国邮政

　　2014 年 9 月 30 日，中国邮政发行《中华孝道（一）》特种邮票，一套四枚，内容为孝感动天、涌泉跃鲤、替父从军、学医疗亲。票面上大舜戴冠，在农田里跪向群山，感谢上苍的恩赐。此时太阳透过重云绽放光芒，山下象群替农人耕田，鸟儿帮助播种，农夫们则低头努力劳作。大舜位于画面前方，平涂勾线，色彩艳丽，占画面比重较大，形象突出，与身后的线描背景形成强烈对比。

九、剪　纸

图 6-40　舜耕历山，剪纸，闫志磊作，运城盐湖区博物馆

　　该剪纸以舜立于田间为主体造型，其左袒衣衫，赤足而立，一手挂耜，一手托日，器宇轩昂。远处是山峦起伏的历山，田里禾苗茁壮成长，田头柳树枝繁叶茂，展现了舜战天斗地的伟岸形象。

图 6-41　舜耕田，剪纸，运城盐湖区博物馆

　　红色剪纸中，舜以布巾裹头，两手抓着耜柄，一只脚踩在耜上，努力翻土。象立于一旁助力耕耘，地上有几只鸟雀帮着播种。蓝色剪纸中，舜背着斗笠，撸起袖子，挽着裤腿，手持锄头，弯腰除草。一旁大象善解人意的望着舜，帮着他犁田。天上鸟儿飞过，协助舜撒播种子。两幅剪纸的主题均为"象耕鸟耘"，构图虽略有不同，却共同反映了舜历山耕种的传奇事迹。

十、剧　照

图 6-42　大舜，电视剧剧照，山东卫视 [①]

　　2011 年，电视剧《大舜》由山东电影电视剧制作中心出品，共 35 集，2015 年 7 月 26 日在山东卫视播出。该剧由吴子牛导演，宗峰岩主演大舜，赵文瑄饰演唐尧，杨铮饰演大禹。以远古帝王大舜传奇曲折的一生为主线，讲述了尧、舜、禹三代历经磨难、治理水患，为民造福、成就伟业的故事。

---

　　① "大舜海报"，载豆瓣电影 https://movie.douban.com/photos/photo/2258227297/。

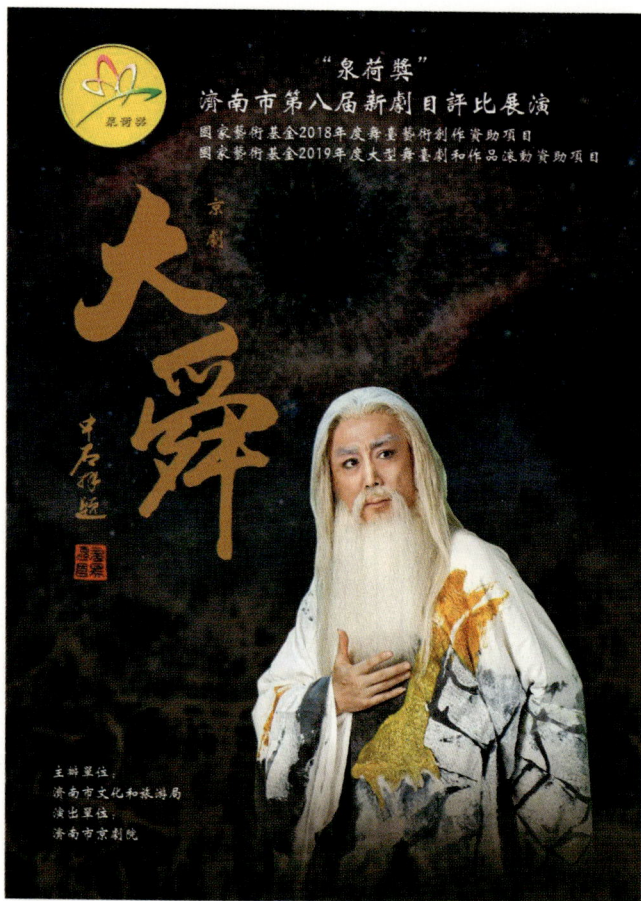

图 6-43　大舜，京剧海报，济南京剧院 ①

　　2018 年，济南市京剧院倾力打造的京剧《大舜》，由张军强饰演大舜，济南市文化广电新闻出版局出品，国家艺术基金资助，先后在济南的高校和各大剧院演出近三十场。京剧《大舜》是中国京剧史上第一部以上古人物为题材的历史大戏，以暮年之舜、少年之舜、青年之舜、中年之舜的阶段性经历讲述了大舜的一生。

---

　　① "京剧《大舜》积极备战'泉荷奖'济南市第八届新剧目评比展演"，载搜狐网 https://www.sohu.com/a/424102363_748104，2020 年 10 月 12 日。

参考文献

一、中文书籍

（汉）刘向撰，（明）茅坤补：《新镌增补全像评林古今列女传》，明万历十九年余文台三台馆刊本。

（明）汪廷讷撰：《人镜阳秋》，万历二十八年新都汪氏环翠堂刊本。

（明）高宗哲集：《历代君臣图像》，日本安井宗左卫问尉庆安四年版。

（明）王圻、王思義编集：《三才图会》（上），上海古籍出版社1988年版。

（明）周游：《绘图开辟演义》，光绪19年，上海艺珍书局排印本。

（明）周游：《开辟演义》，程前校点，齐鲁书社1988年版。

（明）张居正原著，陈生玺、贾乃谦整理：《帝鉴图说评注》，中州古籍出版社1996年版。

（明）张居正、吕调阳：《帝鉴图说》，哈尔滨出版社2009年版。

（明）蒋鐄纂、（清）吴绳祖修、（清）王开琸纂：《九疑山志（二种）》，岳麓书社2008年版。

（清）孙家鼐等：《钦定书经图说》第2册，清光绪三十一年版。

（清）吕安世编辑：《二十五史通俗演义》（上），广益书局1948年版。

（清）新昌、吕抚辑：《廿四史通俗演义》（上），浙江人民出版社1985年版。

（清）吕晋昭辑，唐碧编：《前后孝行录》，上海文艺出版社1991年版。

（清）金柘岩辑，（清）戴莲洲绘图：《孝经传说图解》，张立华点校，安徽人民出版社2012年版。

（清）萧云从原绘，（清）门应兆补绘、董楚平译文：《刻画雅辑·离骚全图》，上海古籍出版社 2016 年版。

（清）梁延年编：《圣谕像解》（康熙二十年承宣堂刊本），四川大学出版社 2017 年版。

张道藩主编，常任侠编著：《民俗艺术考古论集》，正中书局 1943 年版。

袁珂：《山海经校注》，上海古籍出版社 1980 年版。

袁珂：《古神话选释》，北京联合出版公司 2017 年版。

袁珂：《中国神话传说》，北京联合出版公司 2016 年版。

司马迁：《史记》，中华书局 1982 年版。

陈履生：《神画主神研究》，紫禁城出版社 1987 年版。

张振犁：《中原古典神话流变论考》，上海文艺出版社 1991 年版。

朱林宝、石洪印主编：《中外文学人物形象辞典》，山东文艺出版社 1991 年版。

杨利慧：《女娲的神话与信仰》，中国社会科学出版社 1997 年版。

杨利慧：《女娲溯源——女娲信仰起源地的再推测》，北京师范大学出版社 1999 年版。

田兆元：《神话与中国社会》，上海人民出版社 1998 年版。

田兆元、叶舒宪、钱杭：《中华创世神话六讲》，上海交通大学出版社 2018 年版。

田兆元、唐睿、毕旭玲：《中华创世神话人物图像谱系》，上海人民出版社 2020 年版。

张满飚主编：《伏羲时代的社会画卷》，中央文献出版社 2003 年版。

张满弓编：《古典文学版画·人物像传》，河南大学出版社 2004 年版。

闻一多撰、田兆元导读：《伏羲考》，上海古籍出版社 2006 年版。

叶舒宪：《神话意象》，北京大学出版社 2007 年版。

叶舒宪、唐启翠编：《儒家神话》，南方日报出版社 2011 年版。

叶舒宪编选：《神话——原型批评》，陕西师范大学出版社 2011 年版。

叶舒宪、章米力、柳倩月编：《文化符号学：大小传统新视野》，陕西师范大学出版社 2018 年版。

叶舒宪：《中国神话哲学》，陕西人民出版社 2020 年版。

阎步克著：《服周之冕——〈周礼〉六冕礼制的兴衰与变异》，中华书局2009年版。

王倩：《20世纪希腊神话研究史》，陕西师范大学出版社2011年版。

刘惠萍：《图像与神话——日、月神话之研究》，文津出版社2011年版。

刘惠萍：《伏羲神话传说与信仰研究》，陕西师范大学出版社2018年版。

北京市政协民族和宗教委员会、北京联合大学民族与宗教研究所编著：《历代王朝与民族宗教》，民族出版社2012年版。

《徐苹芳先生纪念文集》编辑委员会编：《徐苹芳先生纪念文集》，上海古籍出版社2012年版。

李淞：《中国道教美术史·第1卷》，湖南美术出版社2012年版。

陈泳超：《尧舜传说研究》，南京师范大学出版社2016年版。

武利华：《徐州汉画像石通论》，文化艺术出版社2017年版。

李祥林：《女娲神话及信仰的考察和研究》，巴蜀书社2018年版。

王青：《中国神话的图像学研究》，科学出版社2019年版。

沈海波、徐华龙、常博睿编：《中华创世神话文献摘编》，上海人民出版社2020年版。

中国人民政治协商会议永济县委员会文史资料研究委员会编：《永济文史资料·第6辑》，1995年版。

中国民间故事集成全国编辑委员会、《中国民间故事集成·甘肃卷》编辑委员会：《中国民间故事集成·甘肃卷》，中国ISBN中心2001年版。

中国民间故事集成全国编辑委员会、《中国民间故事集成·山东卷》编辑委员会编：《中国民间故事集成·山东卷》，中国ISBN中心2007年版。

罗杨主编：《中国民间故事丛书·浙江宁波·余姚卷》，知识产权出版社2015年版。

吉庆印主编：《帝舜故里》，瑕邱文物保护领导小组2001年版。

运城市盐湖区虞舜文化研究会编：《舜乡圣迹》，山西古籍出版社2004年版。

吕步震：《舜乡情》，中央文献出版社2005年版。

张培莲、叶雨青编：《舜帝陵庙》，山西经济出版社2005年版。

汪林、樊维章、张骥主编：《济宁民间传说与歌谣》，中国社会出版社2011

年版。

李琼：《行走沁水》，山西人民出版社 2015 年版。

上虞市政协文史资料委员会：《虞舜文化》，上虞市政协文史资料委员会 1997 年版。

绍兴县文物保护管理所：《绍兴县文物志》，浙江古籍出版社 2002 年版。

俞日霞：《绍兴虞舜文化研究》，浙江人民出版社 2006 年版。

陈听正、肖建刚主编：《广西通志·旅游志》，广西人民出版社 2003 年版。

牙韩彰主编：《广西文化名胜概览》，广西人民出版社 2010 年版。

梁臣朝、邱国让主编，寇怀远、赵同法副主编：《中华龙乡·濮阳县》，《濮阳县》编委会。

濮阳县地方史志编纂委员会编：《濮阳县志（1980—2000）》，中州古籍出版社 2008 年版。

张介立编：《历代祭舜》，方志出版社 2008 年版。

张广祥主编：《尧舜之乡》，经济日报出版社 2009 年版。

周亚平、欧利生、吕芳文、周九宜主编：《九疑论道》，岳麓书社 2015 年版。

湖南省地方志编纂委员会编：《舜帝陵志》，方志出版社 2018 年版。

湖南省宁远县《九疑山志》编纂委员会编：《九疑山志》，方志出版社 2005 年版。

东至县地方至编纂委员会：《东至县志（1988—2005）》，黄山书社 2008 年版。

涿鹿县地方志编纂委员会：《涿鹿县志（1989—2009）》，河北人民出版社 2014 年版。

王炳熹：《虞舜》，中国文史出版社 2016 年版。

郑振铎编：《历代古人像赞》，上海古典文学出版社 1958 年版。

黄明兰编：《北魏孝子棺线刻画》，人民美术出版社 1985 年版。

宁夏固原博物馆编：《固原北魏墓漆棺画》，宁夏人民出版社 1988 年版。

闪修山等编：《南阳汉画像石》，河南美术出版社 1989 年版。

朱锡禄编：《嘉祥汉画像石》，山东美术出版社 1992 年版。

王树村编：《中国古代民俗版画》，新世界出版社 1992 年版。

周芜、周路、周亮编：《建安古版画》，福建美术出版社 1999 年版。

马昌仪：《古本山海经图说》，山东画报出版社 2001 年版。

中国历史博物馆保管部编：《中国历代名人画像谱》，海峡文艺出版社 2003 年版。

钟年仁编：《老资料：明刻历代百美图》，天津人民美术出版社 2003 年版。

来新夏主编：《清刻历代画像传》，天津人民美术出版社 2004 年版。

李霞绘：《李霞绝笔二十四孝图》，福建美术出版社 2004 年版。

孙青松、贺福顺主编：《嘉祥汉画像石选》，香港唯美出版公司 2005 年版。

郑州市文物考古研究所编：《郑州宋金壁画墓》，科学出版社 2005 年版。

南宝生编：《清水宋金砖雕彩绘墓》，甘肃人民出版社 2005 年版。

陈少梅绘：《陈少梅二十四孝图》，天津人民美术出版社 2005 年版。

杨焄撰述：《二十四孝图说》，上海大学出版社 2006 年版。

顾森主编：《中国汉画像拓片精品集》，西北大学出版社 2007 年版。

黄雅峰主编：《南阳麒麟岗汉画像石墓》，三秦出版社 2008 年版。

任伯年绘：《任伯年二十四孝图》，天津人民美术出版社 2009 年版。

胡进杉、叶淑慧文字撰述：《天上人间：儒释道人物版画图绘特展》，台北故宫博物院 2009 年版。

孙长林主编：《中国民家年画集》，山东美术出版社 2010 年版。

徐燕孙绘：《徐燕孙二十四孝图册》，天津人民美术出版社 2011 年版。

沈泓：《中国濒危年画寻踪·濮阳年画之旅》，中国时代经济出版社 2011 年版。

高文主编：《中国画像石棺全集》，三晋出版社 2011 年版。

中国美术全集编辑委员会编：《中国美术全集·绘画编十八·画像石画像砖》，上海人民美术出版社 1988 年版。

中国墓室壁画全集编辑委员会编：《中国墓室壁画全集（1）·汉魏晋南北朝》，河北教育出版社 2011 年版。

中国墓室壁画全集编辑委员会编：《中国墓室壁画全集（3）·宋辽金元》，河北教育出版社 2011 年版。

中国版画全集编辑委员会编：《中国美术分类全集·中国版画全集·第4

卷·明代版画》,紫禁城出版社 2011 年版。

中国寺观壁画全集编辑委员会编:《中国寺观壁画全集(7)·元明清神祠壁画》,广东教育出版社 2011 年版。

郭磬编:《中国历代人物像传续编》,齐鲁书社 2014 年版。

陈斌主编,刘文西总主编:《中国历代人物画谱》,三秦出版社 2014 年版。

张道一:《徐州画像石》,译林出版社 2013 年版。

张道一:《孝道图·二十四孝图等考析》,山东教育出版社 2015 年版。

王海霞主编:《中国古版年画珍本·河北卷》,湖北美术出版社 2015 年版。

陈永志、黑田彰、傅宁主编,中国内蒙古自治区文物考古研究所、日本幼学会、中国内蒙古博物院编:《和林格尔汉墓壁画孝子传图摹写图辑录》,文物出版社 2015 年版。

修建桥编:《陕西木版年画》,陕西人民美术出版社 2016 年版。

王山水、张月贤、苏爱萍著:《陕西传统民居雕刻文化研究·砖雕集》,三秦出版社 2016 年版。

《盘古至唐虞传·有商志传》,载《古本小说集成》编委会编:《古本小说集成》第 1 辑,上海古籍出版社 2016 年版。

《列国前编十二朝》,载《古本小说集成》编委会编:《古本小说集成》第 3 辑,上海古籍出版社 2017 年版。

湖南省舜文化研究会、湖南省舜文化研究基地、九疑山舜文化研究会编,陈仲庚等整理:《虞舜大典·图像卷》,岳麓书社 2018 年版。

山西省文物局编:《山西珍贵文物档案》,科学出版社 2018 年版。

[美]欧文·潘诺夫斯基著:《图像学研究——文艺复兴时期艺术的人文主题》,戚印平、范景中译,上海三联书店 2017 年版。

[美]欧文·潘诺夫斯基著:《视觉艺术的含义》,傅志强译,辽宁人民出版社 1987 年版。

[英]E. H. 贡布里希:《象征的图像——贡布里希图像学文集》,范景中、杨思梁编选,广西美术出版社 2015 年版。

[美]W. J. T. 米歇尔:《图像学:形象、文本、意识形态》,陈永国译,北京大学出版社 2012 年版。

〔美〕巫鸿主编：《汉唐之间的视觉文化与物质文化》，文物出版社 2003 年版。

〔美〕巫鸿：《武梁祠：中国古代画像艺术的思想性》，柳杨、岑河译，生活·读书·新知·三联书店 2015 年版。

〔美〕W. J .T. 米歇尔：《图像理论：词句和视觉再现的文集》，陈永国、胡文征译，北京大学出版社 2006 年版。

〔美〕W. J .T. 米歇尔：《图像何求？形象的生命与爱》，陈永国、高焰译，北京大学出版社 2018 年版。

〔英〕彼得·伯克：《图像证史》，杨豫译，北京大学出版社 2008 年版。

〔法〕雷吉斯·德布雷：《图像的生与死：西方观图史》，黄迅余、黄建华译，华东师范大学出版社·六点分社 2014 年版。

〔美〕詹姆斯·埃尔金斯：《图像的领域》，蒋奇谷译，江苏凤凰美术出版社 2018 年版。

〔日〕林巳奈夫：《刻在石头上的世界：画像石述说的古代中国的生活和思想》，唐利国译，商务印书馆 2010 年版。

〔日〕林巳奈夫：《神与兽的纹样学：中国古代诸神》，常耀华等译，三联书店 2009 年版。

二、中文论文

孙作云：《饕餮考——中国铜器花纹中图腾遗痕之研究》，《中和月刊》1944 年第 1、2、3 期。

李奉山：《山西芮城永乐宫旧址宋德方、潘德冲和"吕祖"墓发掘简报》，《考古》1960 年第 8 期。

张修桂：《马王堆汉墓出土地形图拼接复原中的若干问题》，《自然科学史研究》1984 年第 3 期。

马世之：《濮水流域虞舜史迹探索》，《中州学刊》2001 年第 3 期。

刘云涛：《山东莒县东莞出土汉画像石》，《文物》2005 年第 3 期。

张华松：《济南舜井舜祠考——兼谈今济南舜井街一带舜文化景观的恢复》，

《齐鲁文化研究》，2006 年。

张华松、宗爱迪，《历山：大舜文化的圣山》，《走向世界》2014 年第 43 期。

吴圣杨：《象谚语与泰人的女性崇拜——从中国南方的象耕古风说开去》，《东南亚研究》2007 年第 5 期。

马兴：《古代尧舜祭祀与民族认同》，《贵州民族研究》2008 年第 1 期。

马兴：《古代祭祀尧舜的种类及其特点略论》，《重庆文理学院学报（社会科学版）》2012 年第 2 期。

田兆元、明亮：《论炎帝称谓的诸种模式与两汉文化逻辑》，《华东师范大学学报（哲学社会科学版）》2007 年第 3 期。

田兆元：《神话的构成系统与民俗行为叙事》，《湖北民族学院学报》2011 年第 6 期。

田兆元：《创世神话图像景观的重塑》，《光明日报》2017 年 8 月 30 日版。

田兆元：《神话的三种叙事形态与神话资源转化》，《长江大学学报》（社会科学版）2019 年第 1 期。

王增强、张海艳：《寻找华夏先贤的足迹——诸城大舜文化的变迁》，《山东档案》2013 年第 4 期。

赵逵夫：《"三皇"与三皇时代考论》，《中华文史论丛》2018 年第 1 期。

张丹、蒋波：《论〈史记〉中的舜帝形象》，《渭南师范学院学报》2019 年第 17 期。

三、英文文献

Christiane Sourvinou-Inwood, *Myths in Images: Theseus and Medea as a Case Study*, In Lowel Edmunds（Ed.）, *Approaches to Grek Myth*, Baltimore and London：Johns Hopkins UP, 1990.

Christiane Sourvinou-Inwood, *Reading Grece Culture: Text and Images, Rituals and Myths*, Oxford：Clarendon Press, 1991.

Nannó Marinatos, *The Goddesandthe Warior: the Naked Goddes and Mistres of Animals in Early Grek Religion*, London and New York：Routledge, 2000.

Susan Woodford, *Images of Myths In Classical Antiquity*, Cambridge University Press, 2003.

Eduard Erkes, "Zur Sage von Shun", *T'oung Pao, 34*, 1939.

Whalen Lai, "Unmasking the Filial Sage-King Shun: Oedipus at Anyang", *History of Religions*, Vol. 35, No. 2, 1995.

Robert G. Henricks, "The Three-Bodied Shun and the Completion of Creation", *Bulletin of the School of Oriental and African Studies*, Vol. 59, No. 2, 1996.

Lauren F. Pfister, "Sublating Reverence to Parents: A Kierkegaardian Interpretation of the Sage-King Shun's Piety", *Journal of Chinese Philosophy*, Vol. 40, No. 1, 2013.

Robin McNeal, "Moral Transformation and Local Identity: Reviving the Culture of Shun at Temples and Monuments across China", *Modern China*, Vol. 41, No. 4, 2015.

Jesse Ciccotti, "Shun Culture", *Contemporary Chinese Thought*, Vol. 48, No. 4, 2017.

Adam D. Smith, "Early Chinese Manuscript Writings For The Name of The Sage Emperor Shun 舜 , And The Legacy of Warring States-period Orthographic Variation in Early Chinese Received Texts", *Early China*, Vol. 40, 2017.

Jonathan M. Smith, "Shun 舜 and the Interpretation of Early Orthographical Variation", *Early China*, Vol. 41, 2018.

Adam D. Smith, "Rejoinder to Jonathan Smith, Research Note on Shun 舜 ", *Early China*, Vol. 41, 2018.

Andrej Fech, "The ZHOU XUN 周训 and 'Elevating the Worthy'（SHANG XIAN 尚贤）", *Early China*, Vol. 41, 2018.

Youngsun Back, "Reveling Contingency Through Shun's 舜 Ascension To The Throne", *Early China*, Vol. 43, 2020.

后 记

　　2017 年以来，上海市社会科学界联合会组织实施的"开天辟地——中华创世神话"文艺创作与文化传播工程，是弘扬中华优秀传统文化、整理中华创世神话谱系的重要学术工程，本书的编写与出版正得益于此。2019 年，我有幸参与导师田兆元先生主持的上海市哲学社会科学规划中华创世神话委托课题"中华创世神话田野编"，负责图像资料的搜集和谱系整理工作，并于 2020 年 5 月顺利结题。在此基础上，我与田兆元先生、毕旭玲老师共同完成了《中华创世神话人物图像谱系》书稿，于 2020 年 12 月顺利出版。书中收录盘古、伏羲、女娲、炎帝、黄帝、颛顼、帝喾、帝尧、帝舜、鲧禹、仓颉、嫘祖等 12 位创世神的历代图像资料，兼及与之相关的遍布全国各地、不同民族地区的田野图像资料。该书梳理了 12 位创世神的历史遗存和当代图像重建情况，为全面认知和理解中华创世神话图像谱系提供了丰富的图像资料。我在参撰此书的过程中，已经搜集帝舜图像 200 余幅，查阅帝舜专著 50 余部、论文 450 余篇，为完成帝舜创世神话图像谱系研究奠定了坚实的基础。

　　从 2021 年 3 月起，我开展了为期 6 个月的帝舜创世神话图像田野调查，足迹遍及山西永济、运城、垣曲、洪洞，以及山东菏泽、临沂、济南、诸城等帝舜神话传说较为集中的地区。我多次对相关庙宇管理者、庙会活动组织者、各地舜文化研究会会长、民俗精英、当地村民进行深入访谈，获得了大量的音像、图片及口述资料。垣曲历山镇观坡村侯保军、洪洞万安娘娘庙姚春香、万安村宋国强、菏泽牡丹区尧王寺尧庙陈爱莲、鄄城历山虞帝庙祁传礼、平邑舜帝庙韩勇、平邑舜帝庙村党支部书记张现东、历山东村王金生等人，以及绍兴市文化广电旅游局、上虞区政府和柯桥区王坛镇政府的同志，均为我提供了关于帝舜民间信仰和图像重建的很有价值的信息。正是这些可贵的田野考察经历，我才得以搜集到大量丰富的图像资料，为本书的顺利撰写提供了良好的支持。

在本书编撰过程中，田兆元先生的持续指导使我对创世神话图像谱系理论有了更为深入的认识。上海市社科院毕旭玲老师对本书编撰的体例、要求、内容作出了很好的示范，使我的写作有了明确的方向和目标。同时，我与丛书其他分册的编撰者张晨霞、程鹏、苏娟、覃霄等积极沟通，交流写作心得，分享田野资料，对写作大有裨益。同时，我的父母和公婆在背后给予了默默的支持，爱人孙宝在繁忙的工作之余，还要辅导儿子孙晨越的学习，让我能心无旁骛，专心写作。在此，对他们的无私付出表示感谢。

另外，我还想感谢上海人民出版社的熊捷和郭敬文老师。两位老师耐心细致地为我整理专家意见，解答写作中遇到的困惑，使本书避免了很多疏漏和错误。希望本书的出版，能够为推动帝舜创世神话乃至中华创世神话的图像谱系研究贡献绵薄之力。书中诸多不足之处，也恳请读者方家不吝赐正。

唐睿
2021 年 8 月于华东师范大学

图书在版编目(CIP)数据

帝舜创世神话图像谱系/唐睿著. —上海:上海
人民出版社,2022
(中华创世神话研究工程系列丛书. 中华创世神话图
像编)
ISBN 978 - 7 - 208 - 17694 - 2

Ⅰ.①帝… Ⅱ.①唐… Ⅲ.①神话-人物形象-研究
-中国-图集 Ⅳ.①B932.2 - 64

中国版本图书馆 CIP 数据核字(2022)第 094710 号

责任编辑 郭敬文
封面设计 李 祎

中华创世神话研究工程系列丛书 · 中华创世神话图像编
帝舜创世神话图像谱系
唐 睿 著

出 版 上海人民出版社
     (201101 上海市闵行区号景路 159 弄 C 座)
发 行 上海人民出版社发行中心
印 刷 商务印书馆上海印刷有限公司
开 本 720×1000 1/16
印 张 20
插 页 5
字 数 315,000
版 次 2022 年 7 月第 1 版
印 次 2022 年 7 月第 1 次印刷
ISBN 978 - 7 - 208 - 17694 - 2/B · 1612
定 价 135.00 元